Inhalt

Hans Albers

Ein Bild von einem Mann

Bärbel Dalichow

Wenn wir ihn riechen könnten, Hans Albers röche nach Juchtenleder, Seewind und kaltem Zigarrenrauch, nach Cognac und Männerschweiß, vermischt mit einem kräftigen Spritzer Eau de Cologne. Aber Stardüfte konserviert man nicht, anders als Filme, Bilder, Geschichten und Töne, an denen sich einst Millionen labten.
Das Bild vom blonden Hans dampft in einem halben Jahrhundert auf zwei Ikonen ein: Mit erwartungsfroh aufgerissenen Augen fliegt er als Münchhausen auf der Kugel durch die Lüfte, als Seemann singt er schwermütig-frivole Lieder von Liebe und Seefahrt. Die Betrachter dieser Bilder teilen sich wie ehedem in Schmäher und Bewunderer: Zartbesaitete nennen Hans Albers ein Brechmittel und stimmen damit dem Dichter Klaus Mann zu; Liebhaber des Handfesten freuen sich - wie der zeitgenössische Kritikerpapst Herbert Ihering - an einem Prachtkerl. Zugenommen hat allein die Zahl der Gleichgültigen, die sich um den Zelluloidtiger von gestern nicht scheren. Sie halten den Fall Albers für erledigt. Sie könnten recht haben, denn Albers, 1891 geboren, wäre heute wie Ernst Jünger mehr als hundert Jahre alt, und mit den Zeiten wechseln die Idole. Aber ändern sie sich tatsächlich so sehr, wie wir zu glauben gelernt haben?

Im wahren Leben hatte der männliche Superstar des deutschen Films, die Verkörperung von Manneskraft und Mannesmut, überwiegend mittlere Abenteuer durchzustehen. Zu den Üblichkeiten jeder besseren Schauspielerbiographie gehört, daß spätere Erfolgskanonen schlecht in der Schule sind. So auch Hans - er lernt schlecht, er prügelt sich, er fliegt. Natürlich sind Eltern der Kaiserzeit entsetzt, wenn ein Sohn, statt dem Vater im Handwerk nachzufolgen, Schauspieler werden will. Dies geschieht in der Hamburger Familie Albers dem Hans. Ein ungeliebter Beruf markiert eine kurze Durchgangsstation zum Theater.
Und wo beginnt man seinerzeit? Man nimmt Unterricht, schlägt sich durch die Provinz und spielt sich hoch - so Hans. Wird man später gefeiert, macht es gar nichts mehr, wenn blinde Kritiker den Anfänger komplett übersehen oder herbe Einwände gegen sein Spiel notieren. Nach drei Jahren schon hat er's zurück nach Hamburg geschafft. Man schreibt 1914 - eine Jahreszahl, die eher als Beginn eines Weltkrieges und der Zersetzung europäischer Kultur im Gedächtnis bleibt. Abenteurer Hans versteht es einigermaßen, reale Gefahren zu meiden. Anders als die meisten seiner Altersgenossen ist er nicht vier Jahre, sondern nur vier Monate im Krieg. Zum Glück stirbt er nicht den Heldentod und wird körperlich nur leicht, seelisch kaum verwundet. 1917 wagt er einen großen Sprung: Er geht nach Berlin, in die Hauptstadt des Theaters und des Films. Mehr als zehn Jahre lang kommt er gut durch, aber Ruhm will sich nicht einstellen. Vor Kameras und auf Bühnen gibt er regelmäßig den Lebemann, den Beau, den Tunichtgut. Im Privatleben erobert er die Herzen von reichen und recht bekannten Frauen. Beide Umstände ermöglichen ihm sogar ein Domizil im Hotel Adlon. Aber er wird keiner von den Großen.

Das ersehnte Wunder geschieht endlich, als er beinahe vierzig ist. Angesehene Theater akzeptieren Ende der zwanziger Jahre nach und nach Stücke, die Akrobatik, Gesang und Deftigkeit erfordern. Die Stunde von Hans ist gekommen, denn diese Fertigkeiten kann der Varietéerfahrene bieten. Er fällt auf, er wird entdeckt wie ein Teenager. Nach mehr als einhundert Stummfilmen, die vor allem Masse und Moneten bringen, engagiert ihn Carl Froelich 1929 für einen der ersten deutschen Tonfilme, „Die Nacht gehört uns". Beim Drehen fürchtet Albers die schwarzen, schweren, unbeweglichen Tonfilmapparaturen noch, aber während der Privatvorführung vor der Premiere haut er seinem Regisseur erstaunt auf die Schenkel und freut sich: „Mensch! Ich bin ja der größte Schauspieler der Welt!"
So sieht es das Publikum auch, und von nun an kann er sich die Rollen aussuchen.
Nur im „Blauen Engel" - mit Marlene Dietrich und Emil Jannings als Hauptdarstellern - hat er noch einmal einen kurzen Rückfall in seine Vergangenheit als gestriegelter, draufgängerischer Verführer. Ansonsten spielt er Detektive, Kapitäne, Polizisten, Flieger, Agenten, Forscher, Ingenieure - Abenteurer aller Couleur. Sein Name steht fortan vor dem Filmtitel. Er ist ein gemachter Mann.

Den späten Karrierestart verdankt Albers vor allem der Fähigkeit, Sprache locker und lebensnah klingen zu lassen. Schimpften Kritiker frühere Auftritte Schmiere, rühmt man nun gerade seine überraschende Natürlichkeit. Dennoch spürt er Schwächen. Er kann nicht, wie Gründgens oder Moissi, eindrucksvoll lange Dichtungen deklamieren und feine Nuancen spielen. Aber dafür verwandelt er aus dem Stegreif einen hölzernen Dialogsatz mittels Dialektfärbung oder Umstellung in lebendige Sprache, er jongliert mit Witzen, Flüchen, Nebenbemerkungen und Geräuschen. Er erzeugt den raren echten Ton.
Der Technologiesprung, der den Albersschen Höhenflug bewirkt, vernichtet Existenzen. Was harmlos Marktbereinigung genannt wird, ist unblutiger Krieg, dessen Selbstmordopfer nie gezählt wurden. Mitten in der Weltwirtschaftskrise, wo Niedergang und Elend grassieren,

werden die ordentlich bezahlten Kinomusiker der Großstadtkinos ebenso arbeitslos wie Tausende von gut beschäftigten Stummfilmdarstellern und Komparsen. Viele bekannte Schauspieler kommen ihrer Stimme wegen nicht mehr für den Film in Frage, zahllose Kleindarsteller und Mitarbeiter feuert man, weil die meisten kleineren Firmen die enormen Investitionen für den Tonfilm absolut nicht aufbringen können. Die Zahl der Mitbewerber sinkt, Albers' Chancen steigen weiter.

Zwei Wölkchen trüben den klaren Himmel des Erfolges: Hans spricht, anders als Lilian Harvey, keine Fremdsprachen, und da Tonfilme anfangs nicht synchronisiert oder untertitelt werden können, dreht man französische und englische Fassungen am selben Drehort mit anderen Darstellern. Albers kann also kein internationaler Star werden. Auch sein heimlicher Traum, ein bedeutender, wandlungsfähiger Mime zu sein wie Emil Jannings, Werner Krauss oder Heinrich George, erfüllt sich nicht, weil ihm die Gabe echter Verwandlungskunst weitgehend fehlt. Masken und fremde Charaktere wirken bei Albers wie aufgesetzte Maskeraden. Jeder Ausflug in ein Rollenfach jenseits von Durchreißern und Siegern, wie in „Drei Tage Liebe" (1931) oder „Fahrendes Volk" (1938), verstört das Publikum. Für die Beladenen soll er gefälligst den König verkörpern, der das schwere Leben leichtnimmt - und vor allem soll Albers Albers sein.
Filmtitel wie „Hans in allen Gassen", „Der Draufgänger" oder „Der Sieger" nutzen die Filmfirmen zur Kennzeichnung eines gut eingeführten Markenartikels. Besetzungen und Filmausstattungen rund um Albers bilden Schmuckrahmen, die dem Hauptstück den rechten Glanz verleihen.

Noch einmal verschwinden Konkurrenten. Mit der Naziherrschaft beginnt ab 1933 ein widerwärtiges Aussonderungsprogramm, dazu bestimmt, Juden, Homosexuelle, Sinti und Roma und politische Gegner aus Deutschland zu vertreiben, einzusperren und zu ermorden. Auch in der Filmindustrie setzt ein Aderlaß ohne Beispiel ein.
Der elegante Adolf Wohlbrück, den die Ufa gern als Star aufgebaut hätte, um die Selbstgefälligkeit von Albers zu zügeln, geht, weil er schwul ist, 1936 nach England ins Exil. Dort wird er drei Jahre später einer deutschen Freundin wiederbegegnen, die gerade in London angekommen ist. Die Frau heißt Hansi Burg, ist Jüdin und seit fast fünfzehn Jahren die Lebensgefährtin von Hans Albers. Ihr Vater Eugen Burg, Freund von Albers, denkt nicht rechtzeitig an einen sicheren Fluchtort. 1944 wird er im KZ Theresienstadt ermordet.
Hans Albers verabscheut die Nazis, besonders ihr Vorgehen gegen Kollegen, dennoch bleibt er seinem Erfolgsstreben treu, das Widerstand nur in Maßen verträgt. Offiziell sagt er sich von Hansi los, er hält aber Verbindung, solange dies ohne Gefahr für Beruf und Leben möglich ist.
Von neunzehn Filmen, in denen er zwischen 1933 und 1945 Hauptrollen spielt, werden nur drei später als Propagandafilme eingestuft: „Flüchtlinge" (1933), „Henker, Frauen und Soldaten" (1935) und „Carl Peters" (1941). Damit liegt Albers nicht etwa vorbildlich außerhalb der üblichen Norm, denn klar erkennbare Propagandawerke machen nur einen winzigen Prozentsatz der gesamten NS-Filmproduktion aus. Um die Rolle des Kolonisators Carl Peters bemüht er sich sogar intensiv, weil sein Wunsch, in einem großen Historienfilm zu spielen, weit stärker ist als sein Widerwille gegen Agitation für den Eroberungskrieg.
In der Hochzeit seiner Karriere, die lange sechzehn Jahre währt, beherrscht er sein beliebtestes Kinokunststück auch im Leben: er setzt sich durch! Als ranghöchstes Männchen unter den Schauspielern in Deutschland besitzt er ein Gespür für die Schwächen der Verhandlungsgegner und pokert mit Frechheit und Sturheit um höchste Gagen. Zeitweise ist ihm in diesem Punkt ausgerechnet eine Frau überlegen, mit der er niemals gemeinsam eingesetzt wurde - Zarah Leander. Gewisse Zwischentiefs im Gagenmonopoly, bei dem die Ufa-Verhandlungsführer Strategien zur Dämpfung von Albers' Trophäenjagd zu entwickeln suchen, überwindet er geschickt mit dem rückenstärkenden Bewußtsein seiner Unersetzbarkeit.
Den absoluten Coup auf diesem Kampfplatz landet er bei seinem letzten vollständigen Film im Dritten Reich. Für die Rolle des Hannes Kröger in „Große Freiheit Nr. 7" erbeutet er mit gut verhandelten Klauseln für Ausfallzeiten und andere Details insgesamt 416.000 Mark. Dies ist die höchste Gage, die ein Schauspieler bis heute in einem deutschen Film erhielt. Um welche Unsumme es sich dabei handelt, wird erst richtig deutlich, wenn man weiß, daß zum Beispiel ein Maskenbildnerassistent im selben Film monatlich weniger als hundert Mark bekam.

Albers ist nicht nur in Gagenfragen renitent. Als Sondererscheinung findet er Sonderrechte und Sonderbetreuung absolut selbstverständlich. Berufsbegleitenden Repräsentationspflichten entzieht er sich nach Möglichkeit. Bei offiziellen Empfängen, Premieren, Ehrungen glänzt er häufig durch Abwesenheit. Wenn er sich gezwungen sieht, ein Zugeständnis zu machen, sorgt er dafür, daß sein Gegenüber die Herablassung deutlich spürt. Seine Lebensabenteuer werden riskanter. Er muß wissen, wie mörderisch gefährlich die Naziobrigkeit ist, denn sogar der prominente Regisseur Herbert Selpin, mit dem er zwischen 1938 und 1941 fünf wichtige Filme gedreht hat, wird verhaftet. Trotzdem bleibt Albers widerspenstig. 1943 bittet ihn ein Abgesandter Hitlers, für einen Staatsgast, den König von Bulgarien, ein Hotelzimmer freizugeben. Albers schickt den Boten mit dem Bescheid zurück, er ziehe nicht aus, denn er sei selbst ein König. Dies kann man weiß Gott ein Spiel mit dem Feuer nennen.
Was trieb ihn an? Mut, Dummheit, Realitätsblindheit, Kalkül, Machtbewußtsein? Der Cocktail hätte tödlich sein können. Die Mächtigen schlucken ihn und stellen erwogene Strafmaßnahmen zurück. Albers hat sich wieder einmal nicht verrechnet.

1943 ist nämlich das Jahr des 25. Ufa-Jubiläums. Die Ufa schenkt sich selbst und ihrem Publikum einen „Großfilm" in Farbe mit ersten Kräften aus allen Filmberufen. Sämtliche kriegsbedingten Beschränkungen des Budgets und der Zuteilung werden aufgehoben. Das Drehbuch darf unter Pseudonym sogar von Erich Kästner geschrieben werden, der eigentlich Schreibverbot hat und dessen Werke bei der Bücherverbrennung in Rauch aufgegangen sind.
Diamanten, Pelze, Samt und Seide, Schlösser, Menschen aller Hautfarben, Sultane und Kaiserinnen, sogar den Mond fährt man auf. Mit unglaublicher Unverfrorenheit in der äußeren Geste, die Angst verbergen soll, hält man den tatsächlichen Verhältnissen mit „Münchhausen" ein Symbol für Fülle und Reichtum wie ein Amulett entgegen, als wolle man die Realität durch Beschwörung von Macht und Prunk zur Umkehr bewegen. Auf deutsche Städte fallen Bomben. In der Schlacht um Stalingrad kapituliert die Sechste Armee. Im Premierenjahr von „Münchhausen" - das zeigt die Begebenheit um den König von Bulgarien - kann sich Hans Dampf alias Baron Münchhausen beinahe alles erlauben. Zarah Leander verläßt das sinkende deutsche Schiff, Hans bleibt an Bord und hat scheinbar in Drachenblut gebadet. Aber das Lindenblatt ist bereits gefallen.

Seine Verwundbarkeit tritt nach und nach hervor. Hans Albers wurde 1891 geboren. Fast immer gibt er jedoch als Geburtsjahr 1892 an, denn schon länger hadert er mit der Natur, die heimtückisch und unaufhaltsam sein Kapital vernichtet. Das Haupthaar fällt früh, und er greift zum Toupet, die Haut wird mürbe, Falten graben sich ein, die Partie über dem Hals wabert und will nicht mehr recht zum vorspringenden Kinn und zu seiner Raubvogelnase passen. Der Körper droht aus dem Leim zu gehen.
In „Münchhausen" spielt Albers in manchen Szenen sein eigenes Schicksal, aber kinogerecht eine Spur großartiger als im Leben. Als der zauberkräftige Graf Cagliostro Münchhausen einen Wunsch freistellt, sagt dieser: „Ich wünsche mir, immer so jung zu bleiben wie heute, bis ich selbst ums Altern bete." Am Ende des Films ist der Lügenbaron seiner zahllosen Abenteuer müde, blickt auf sein gemaltes Bildnis und beendet den Spuk der ewigen Jugend mit den Worten: „Ich will nicht mehr, daß mich die Zeit vergißt." Sie vergißt nie.

Als Albers Münchhausen spielt, hat er die Fünfzig überschritten. Er muß das Rollenfach wechseln, das Diktat des Lebensalters ist unabänderlich. Dieses für männliche Schauspieler eher kleinere Problem bedroht einen Star, den das Publikum als Kraftquell vergöttert.
Mit einer Größe von 1,76 m und 83 kg Athletengewicht stellt er durchschnittlich gewachsene Zeitgenossen in den Schatten. Seine breite Brust und den kräftigen Körperbau verdankt er Mutter Natur und angeborener Bewegungsfreude, nicht stupidem Muskeltraining. Er steht sicher, wie ein gut gegründetes Bauwerk. Nervöse, hektische Bewegungen sind ihm fremd. Selbst Kampf- oder Jagdszenen wirken auf uns Heutige eher gemessen. In „Wasser für Canitoga" (1939) bewegt er sich manchmal wie verzögert, als könne er die vor Kraft schweren Glieder nur mit Willensanstrengung von der Erdanziehung erlösen. Mit - für uns actiongewohnte Gegenwartsmenschen - fast plumper Grazie schwingt er als „Der Mann, der Sherlock Holmes war" (1937) seine massiven Hüften über das Geländer in einem Gerichtssaal. In „Sergeant Berry" (1938) können wir ihn für Sekunden fliegend nackt sehen, wenn er mit einem Hechtsprung vom Steilufer ins Wasser springt.
Den sportlichen Hans, der auch ausgezeichnet schwimmt, bewundern die Zuschauer. Niemals läßt er sich doubeln, darauf ist er stolz. Von jeder Schwarzeneggerei ist er allerdings Lichtjahre entfernt, denn der gute Sportler raucht und trinkt leidenschaftlich und hat schon ab Ende Dreißig mit einem sogenannten Schultheiss-Tumor in der Körpermitte zu kämpfen.

Am ganzen Körper sprießen reichlich Haare, nur dort nicht, wo er es gern gehabt hätte, nämlich auf dem Kopf. Als blond von einer Haarfarbe zu einer Ideologie mutiert, entspricht er plötzlich dem Prototyp des Wunschariers. Er hat außerdem leuchtblaue Augen. Diese Augen waren in den ersten Berliner Jahren beim Filmen ein Handikap gewesen, weil das noch zu wenig lichtempfindliche Material helle Augäpfel in schwarze Löcher verwandelte. Nicht nur deshalb hatte Fritz Lang niemals in Erwägung gezogen, Albers die Rolle des Siegfried anzubieten. Im Filmgeschäft war er vor 1930 eben nur der unbedeutende Gauner im Frack gewesen, sonst gar nichts.
Die Verbesserung des Filmmaterials ab 1928 und die zunehmende Idealisierung des nordischen Ariertyps durch die Faschisten begünstigen endlich Albers Aufstieg. Seine Adlernase mit der Anmut einer dominanten Spezies hätten die eher unarisch aussehenden Führungspersonen des Nazireiches ebensogern gehabt wie seine Augen, die mittels eines speziellen Scheinwerfers - auf den Albers beim Drehen allergrößten Wert legt - leuchten konnten, als wären sie vergeistigte Materie und imstande, geradezu göttliche Ziele zu erspähen. Blicke aus solchen Augen urteilen und verurteilen, adeln oder töten. Sie durchschauen Menschen und versprechen die Befähigung des Schauenden zur Entgrenzung alles Erdgebundenen. Dieser Blick kann zum Übergriff auf den Getroffenen werden. Der Blick fixiert, er nimmt in Besitz. Er zwingt den Gegenüber, seinen Blick zu senken. Er fordert die Unterwerfungsgeste.

Zur Vervollständigung des Herrenmenschenantlitzes bietet Hans Albers als körperliche Morgengaben dem Naziregime auch noch das energische Kinn und den geraden, entschlossenen Mund. Bei entsprechend dramatischer Beleuchtung konnte diese Gesichtsarchitektur, dachte man sie sich um zwanzig oder auch nur um zehn Jahre verjüngt, geradezu das aus griechischer Klassik, italienischer Renaissance und germanischen Beimengungen zusammengebastelte

männliche Wunschbild abgeben, das man auf Briefmarken hätte drukken können. Gustav Knuth nennt ihn in seinen Lebenserinnerungen zu allem Überfluß auch noch einen nordischen Menschen, „sauber, gerade, kompromißlos". Letzteres war er nun gerade nicht. Aber eine weitere Beobachtung Knuths trifft den Nagel auf den Kopf: „Er sah einen an und war da! Und man war auch da!"
Albers ist ein Kraftbolzen mit enormer Wasserverdrängung. Seine bildfüllende Präsenz - ob im Leben oder im Kino - kann erdrücken, wirkt aber auch aufbauend wie eine Bluttransfusion. Beinahe kostenlos verschenkt er Lebensenergie. Wenn unsere Tatkraft erlahmt, wir schwach und müde werden, schenkt uns ein Leinwandheld seine Unternehmungslust und seine scheinbar unerschöpfliche Kraft.

Als Werbeträger ist Hans Albers für die Faschisten nicht nur von der äußeren Erscheinung her interessant. Ihr aus unterschiedlichsten Quellen zusammengeklaubtes Weltbild gibt sich zukunftsmächtig und optimistisch wie das aller Diktaturen, die darauf aus sind, Sinn und Ordnung auf Dauer zu prophezeien.
Wenn es bei Albers auch mit der Unterordnung stark hapert, so kann der Hoppla-Hans Zuversicht im Übermaß bieten. Dem Pathos, das er gelegentlich selbst erzeugt, nimmt er die Großartigkeit. Er ist unbefangen und unverfroren. In ihm verträgt sich solide Bauart mit unsolidem Übermut, Vitalität mit Herz und Schnauze. Umstandslos nimmt er Geschenke vom Leben an. Er scheint sich nicht zu quälen wie die Minderbeschenkten in den Nebenrollen oder im Zuschauerraum. Er zieht den Lottogewinn. Ihm lacht das Glück. Ihm gelingt der Sprung. Eine Anekdote erzählt eine Begebenheit, die sich in Wien abgespielt haben soll. Ein altes Mütterchen kommt auf Hans zu und ruft: „Herr Albers, für Sie habe ich schon immer geschwärmt!" Darauf Albers: „Laß man Mutter, mir ging's früher genauso." Die Vergangenheitsform kann man getrost streichen. Immer wieder hören ihn Leute sagen: „Ich bin der Größte", „ich bin der liebe Gott". In ihren gelungensten Exemplaren feiert die Natur sich selbst.
Hans Albers - ein männliches Wundertier zum Liebhaben, bewundert von Mann und Frau oder doch nur ein rücksichtsloser Protzer? Als Münchhausen sagt er: „Abenteuer, Krieg, schöne Frauen, fremde Länder. Ich brauche das alles!"

Als Draufgänger in zahlreichen Filmen und im Leben nimmt er den guten Zufall als natürlichen Weggefährten und tritt dem bösen Umstand - meistens - beherzt entgegen. Er ist der Mann der Tat, der als „Greifer" (1930 und 1958) oder als Oberkellner Andrei in „Savoy-Hotel 217" (1936) selbst den Mörder sucht, der als Handelnder in vielen Rollen selbst Gerechtigkeit herstellt. Einer wie Hans braucht keinen Ersatzmutigen, weil er sich nie die Butter vom Brot nehmen läßt. Er handelt stellvertretend für alle Zögerlichen der Welt und im Zuschauerraum. Seine Stärke und seine Sicherheit sind Medizin gegen Angst und Unsicherheit. Als Held beherrscht er nicht nur seinen Körper, sondern auch sämtliche von Männern konstruierten Maschinen, die ihrerseits Herrschaft über die Natur symbolisieren. Jede Abwägung vor der Handlung bedeutet Zeitverlust und könnte den Sieg gefährden, also: schneller, höher, weiter - nicht angekränkelt von des Gedankens Blässe.
Als Ikone des Männlichen verfügt das potente, kräftige Menschentier Hans Albers über nahezu zentaurartige Qualitäten. Mit jedem Auftritt, der ihm Mittelpunkt und Aufmerksamkeit sichert, besetzt er den zur Verfügung stehenden Aktionsraum. Dominantes Revierverhalten, zu dem ihn seine Körperlichkeit und seine Ausstrahlung prädestinieren, bestimmen ihn zum Führer von Männerbünden. Die Vorherrschaft in einer Gruppe muß er nie mühsam erringen. Ein Blick, eine Geste, eine Körperbewegung, schlimmstenfalls eine Prügelei, und er hat sie.

Für Frauen war und ist die Männerbündelei in Fußballclubs und Gelehrtenzirkeln, in Kleingärten und Kriegervereinen, in Sport- und Trinkgemeinschaften mitunter ein Rätsel. Es gibt sicher eine Vielzahl von Gründen für diese besonderen Formen männlichen Zusammenhalts, darunter mag der kulturelle, aus der Naturgeschichte der Spezies mitgeschleppte Druck zu Tat und Sieg der wichtigste sein. Zeremonien männlicher Selbstbestätigung stärken auch die Schwächeren einer Gruppe, und in der Gesellschaft von ihresgleichen fühlen sie sich weniger gefährdet als allein. Der anstrengende und verwirrende offene Umgang mit Gefühlen und Realitäten wird im Ritus der Gruppe vermieden und durch feste Gebräuche ersetzt. Im Schulterschluß der Kumpanei wird die Unvollkommenheit des einzelnen unwichtig. Damit eine Gemeinschaft aus unterschiedlichen Menschen stabil bleibt, muß sie über ein Schwerkraftzentrum verfügen. Ein Führer wie Hans, ein Anstifter oder Meinungsmacher ist unverzichtbar.

Hans Albers bietet ausbaufähige Voraussetzungen für eine Zentralfigur. In bearbeiteten Starfotos werden die Naturgegebenheiten des Darstellers Albers ins Heldische umgeschmiedet. Die Werbefotos zu „F.P.1 antwortet nicht" (1932) und „Flüchtlinge" (1933) zeigen Embleme von Führerköpfen, die vor allem Entschlossenheit, Willenskraft und Zielgerichtetheit ausdrücken. In dieser Fixierung steht der Held Hans in offensichtlicher Verbindung mit den späteren Riesenplastiken von Arno Breker und den Architekturentwürfen von Albert Speer. Vergrößerungen zur Gigantomanie hin versinnbildlichen absoluten Machtanspruch. Der Blick, den diese Führerfiguren ins Unendliche richten, steht für Ewigkeit. Wenn Kameramann und Beleuchter den Helden mit einer Lichtaureole umglänzen - das blonde Haar von Hans Albers verleitet dazu, fühlt jeder Kinobesucher die Gottähnlichkeit eines solchen Bildes. Diese Inszenierung von Strahlkraft, die bei Hitlerauftritten und -bildnissen ebenso blendete wie bei der Darstellung von dessen Favoriten Friedrich II. von Preußen, wird auch Albers zuteil.

Die Bildbotschaften und ihre Einbettung in entsprechende Handlungen passen zu einem Männlichkeitsideal, das hilft, Soldaten zu erziehen, auch wenn Albers-Filme nur selten tatsächlich im Krieg spielen. In „Wasser für Canitoga“ (1939) wirbt er im Zivilberuf des Bauingenieurs sechs Monate vor Kriegsbeginn sogar für den Heldentod: „Es müssen immer welche draufgehen, damit ein großes Werk stehnbleibt.“ Der Tod wird zur bewußten Konsequenz männlicher Tat und zum Höhepunkt, der den Ernst des Tatendranges betont. Ihm furchtlos ins Auge zu sehen, bedeutet Ritterschlag für Führer und Männerbund. Die überdehnte Sterbeszene des Oliver Montstuart reizt heute eher zum Lachen, wie manch andere Alberssche Heldenpose, und damit scheint ihre Gefährlichkeit neutralisiert. Aber Hans Albers verkörpert immer und überall den Mann, der in die Welt zieht, um sie im Sturm zu erobern - davon handeln Männerfilme bis heute.

Das ideale Alter für das Rollenfach des Abenteurers bewegt sich rund um die magische Lebenszahl dreißig. Münchhausen fragt seinen Weggefährten und Famulus: „Christian, haben Sie schon mal einen völlig erwachsenen Mann gesehen?“ Christian: „Ich kann mich nicht erinnern, Herr Baron“ - Münchhausen darauf: „Ich auch nicht. - Das wär ja auch zu langweilig.“

In Kindheit und Jugend ist der Wunsch die Triebfeder von Handlungen. Abwechslung, Aufregung, Anregung werden um ihrer selbst willen begehrt. Lehr- und Wanderjahre bringen Spannung. Experiment, Spiel und Wettstreit stärken Kräfte und erzeugen Neues. Forscher berichten davon, daß es nicht erst heute, sondern bereits im Paläolithikum - wegen eines noch nicht erforschten Frauenmangels - eine verlängerte Jugend für Männer gab. Bis sie dreißig waren, wurden sie von hemmenden Bindungen und der Verantwortung für ihre Taten freigehalten. Die überlange Kulturpubertät diente im Laufe der Menschheitsgeschichte auch dazu, Krieger zu rekrutieren.

Albers gibt in diversen Varianten den rastlosen Jungmann, den Jäger, der sich nie mit einem Ziel oder einer Beute wirklich zufrieden geben kann. Er hastet von einem Höhepunkt zum nächsten, um bereits den übernächsten ins Visier zu nehmen.

Diese männlich-jugendliche Lebensweise wird - neben der immerwährenden Notwendigkeit zur Nahrungsbeschaffung oder der erfindungsreichen Verwendung des Mehrproduktes - auch als Reflex auf den männlichen Sex beschrieben, der in seiner Vergeblichkeit nie zu einer veränderten Seinsform führen kann, sondern allein dem Wiederholungszwang unterliegt. Versagensangst muß durch immer neue Grenzgänge unterdrückt werden. Erziehung zum Mann, an der auch Kinofilme mittun, bedeutet bis in die Gegenwart - wenn auch in abgeschwächter Form - Stärke zeigen, sich stets aufs neue beweisen, nie schlappmachen, Ziele erreichen und Gefühle unterdrücken, die zielgerichtetem Handeln entgegenstehen. Der Mann der westlichen Welt rückt der Natur zu Leibe, auch seiner eigenen, um sie zu überlisten und schließlich zu besiegen.

Als Münchhausen will Albers am Ende doch erwachsen werden. In Sekunden werden seine Haare spärlich und grau. Von der Stufe des Dauerjugendlichen - den der arme Albers auch im Leben viel zu lange verkörpern muß - tritt er sofort an die Schwelle des Rentnerdaseins. Erwachsenwerden, sich binden, bedeutet hier unmittelbar die Akzeptanz von Todesnähe und Ende.

Die Münchhausensche Zeitraffermutation nimmt den schroffen Wechsel vorweg, der Albers in seinen Filmrollen bevorsteht. Die ewige Jugend ist zu anstrengend geworden, nicht nur für Münchhausen. Der alte Münchhausen trägt einen eher unauffälligen Anzug und bezeugt damit das Ende des Kostümballs, den die Jugend aufführt. Die Bedeutung des Kleiderzaubers war dem wirklichen Hans schon früh aufgegangen. Von seinem zweiten Theaterengagement 1911 berichtet er später: „Der Cutaway machte denn auch sofort auf den Direktor von Güstrow, der so ein Kleidungsstück bisher noch nie zu Gesicht bekommen hatte, einen so tiefen Eindruck, daß er mir eine Monatsgage von 60 Mark anbot, von denen zirka 50 auf meine Toilette, der Rest auf mein Talent kam.“

Auch die Leutnantsuniform steht ihm gut und fördert Theaterauftritte während des Krieges. Fabelhaft sitzende Anzüge und Fräcke begünstigen seine häufigen Engagements in der Stummfilmzeit. Als er die Rollen seines Lebens ab 1930 endlich gefunden hat, tritt er uns schon mal in Arbeitskluft und Ledermantel entgegen, die den wetterfesten Kerl unterstreichen.

In der Kleidung vermischen sich Aussehen und Ansehen. Naturgegebene Rangordnungen werden von kulturellen bedeckt - im wahrsten Sinne des Wortes. Männermode geht auf Uniformität, die Gruppenbildung und entsprechende Identifizierung unterstreicht - Uniformen drücken neben Egalität am einfachsten Hierarchien aus. Der Knalleffekt von Verkleidungen für Hans Albers liegt dementsprechend nicht bei den Doppel- oder Mehrfachrollen, die er zum Beispiel in „Henker, Frauen und Soldaten“ (1935) oder „Trenck, der Pandur“ (1940) spielt, sondern bei seinen Kostümen in „Münchhausen“, von denen etliche Uniformen sind. Wie Reichsmarschall Hermann Göring prunkt Münchausen mit reichgeschmückten Phantasiegewändern. Der gewichtige Unterschied: Albers kraftmeierte mit seinen Gewändern in einem Lügenmärchen.

In den dreißiger Jahren begannen Uniformen erneut das Straßenbild zu beherrschen. Auf den Leinwänden der Nazizeit tauchen sie nur ab und zu auf. Als Polizist in „Sergeant Berry“ (1938) sträubt sich Mecki Berry, seine Uniform für einen Geheimauftrag abzulegen: „Uniform bleibt immer Uniform. Da zeigt man doch was her, da weiß doch jeder gleich, wer man ist. Und nun soll ich als Zivilmensch rumlaufen?! Da sieht doch einer aus wie der andere.“ Verkehrte Männerwelt, der auch Frauen erliegen.

Alte Potsdamerinnen, die in der Garnisonstadt nahe den Babelsberger Filmstudios jung waren, berichten von Aufmärschen der Soldaten, die für sie auch die Faszination einer Bräutigamschau besaßen. Uniformen mit ihren Rangabzeichen und blitzenden Litzen wirken wie aufgestellte Pfauenräder, die vergrößern und blenden. Auch körperlich mißratene Männer haben per Zubehör eine zweite Chance in der Balz. Sie können ihre Attraktivität durch Beiwerk erhöhen. Tiere, besonders Hirsche, Bullen und Pferde, verleihen teils als Jagdbeute, teils als Körperanhang zusätzliche, vom Tier gestohlene männliche Ausstrahlung, die Potenz und Angriffslust signalisiert.
Man sieht Albers auch zu Pferde, oder, zeitgemäß, in Autos, auf Schiffen oder in Flugzeugen. Der souveräne Umgang mit Maschinen, vorzugsweise mit Waffen, vergrößert das männliche Reich und seine Wehrhaftigkeit. In Technik ist das Wissen, Können und die Gefährlichkeit unzähliger Männergenerationen vergegenständlicht. Sehr selten bewußt, fühlt sich der technikbeherrschende Mann eins mit allen Vorgängern, sozusagen als Spitze eines geschichtsträchtigen Werkes. Der Bund mit Kleid, Tier und Technik stärkt das Gefühl: „Mir kann keiner!“

Hans Albers ist unter den Männern ein Meistbegünstigter. Das Zubehör, über das er selbstverständlich verfügt, ist Nebensache, die Hauptsache hat er auch zu bieten. Als erfolgsgewohnter Waidmann lugt er in „Wasser für Canitoga“ (1939) durch einen Vorhang auf die Tänzerinnen eines Tingeltangellokals, die sich soeben umkleiden, und sagt zu einem Kumpan: „Das sind die ewigen Jagdgründe.“ Haben Drehbuchautor Walter Zerlett-Olfenius oder Dauer-Coautor Albers die Tiefe ihres eigenen Satzes erkannt? Die Jagdopfer in den Albers-Filmen jedenfalls erkennen weitgehend die Qualitäten des Jägers an. Er hat einen ansehnlichen Körper, der stark ist und neben dem Schutzversprechen auch noch den Vorzug zu bieten scheint, daß er lieben könne ohne zu ermüden.
In dem Maße, wie der Pflegezustand der Albersschen Filmfiguren schwindet, nimmt seine sexuelle Attraktivität zu. Als Geck in „Der blaue Engel“ (1930) ist er nur mittelmäßig verführerisch, als verdreckter Abenteurer mit stärker animalischen Anteilen feiert er seine größten Triumphe. Der „Draufgänger“ ist auch auf Frauen aus; der „Sieger“ erringt den Sieg auch in der Liebe.
Sein entschlossenes Gesicht mit dem kräftigen Kinn weist auf Testosteron in Aktion. Seine Agilität verkündet Trieb-Kraft-Überschuß, der womöglich auch Frauen guttun könnte. Seine strahlenden Augen, die zugleich mit seinen zupackenden Händen in der weiblichen Partnerwahrnehmung an erster Stelle stehen, versprechen sowohl Seele als auch Tatkraft. Gelegentliche Molltöne in Stimme und Spiel lassen auf Zärtlichkeit und Einfühlungsvermögen hoffen. In „Münchhausen“ (1943) fixiert er eine Tanzpartnerin auf einem Maskenball, wie es der geübte Jäger tut, außerdem verschlingt er sie geradezu mit den Augen, wie der Genießer in Vorahnung kommenden Genusses.

Wenn auch schon ein wenig in die Jahre gekommen, verkörpert Hans Albers in seinen Glanzzeiten das Urbild von körperlicher Präsenz und Virilität. Dieser Mann steht seinen Mann - in jeder Hinsicht. So einen Mann sucht Lola Lola per Lied im „Blauen Engel“:

> *„Kinder, heut' abend da such' ich mir was aus,*
> *einen Mann, einen richtigen Mann.*
> *Kinder, die Jungs hängen mir schon zum Halse raus,*
> *einen Mann, einen richtigen Mann.*
> *Einen Mann, dem das Herze noch in Lieb' erglüht,*
> *einen Mann, dem das Feuer aus den Augen sprüht -*
> *kurz einen Mann der noch küssen will und kann,*
> *einen Mann, einen richtigen Mann.“*

Und was für Frauen sucht sich dieses angesungene Prachtexemplar aus? Marlene Dietrich als Lola Lola? Nur kurz und ausnahmsweise. Nur flüchtig ziehen ihn Kneipenwirtinnen, Gräfinnen, Zarinnen und andere selbständige Frauen an. Die sexuelle Komponente seiner Natur ist nicht nur aus Gründen des Zeitgeschmacks die am meisten gezähmte. Albers serviert in seinen Rollen eine Naturgewalt in lieblicher Appetithäppchenform. Warum schrumpfen Sex und Liebe in Albers-Filmen zu einer eher nebensächlichen Begleiterscheinung des Männerlebens? Weil der Aktivist seine Energie eben für Aktivitäten anderer Art benötigt. Die Liebe ist ein Energiefresser und könnte den nach außen gerichteten Tatmann zu sehr fesseln.

Als Hausdiener Andrei Antonowitsch Wolodkin in „Savoy-Hotel 217“ (1936) singt er immer wieder: „In meinem Herzen, Schatz, da ist für viele Platz ...“, und er sagt: „Mit uns Männern, da ist es nun mal so, wir lassen uns nicht gerne festhalten, wenn man uns laufen läßt, kommen wir gern wieder zurück.“ Im Gegensatz dazu wollen Frauen oft langlebige Beziehungen, weil sie Kinder bekommen könnten. Um den Erzeuger auch zum Ernährer der Nachkommen zu machen, versuchen sie, Beziehungen überschaubar zu halten und Liebesabenteuern Dauer zu verleihen. Primatenforscher wissen aber zu berichten, daß Lebewesen, deren Männchen größer als die Weibchen sind, beinahe nie monogam leben. Vielleicht wird deshalb auch in christlich geprägten Kulturen wenigstens der Figur des Abenteurers die Polygamie zugestanden.
Die den Filmenden, so bei „Sergeant Berry“ (1938) oder „Der Mann, der Sherlock Holmes war“ (1937), angepappten Heiratsabsichten des Helden verlieren darum nie den Beigeschmack des abrundenden Versatzstückes und Kompromisses zugunsten des weiblichen Kinopublikums. Der Abenteurer will sich nicht festnageln lassen. Der Begehrte ist deshalb für Frauen objektiv gefährlich, weil Flucht und neues Abenteuer auf seinem inneren Programm stehen.
Die Begegnungen mit Leben spendenden Frauen führen erstaunlicherweise auch zur Berührung mit dem Tod. Ist der Tod für ein Mannesideal heroisch, so ist er im Zusammenhang mit behindernden

Liebesbanden verächtlich. Ein alter Kapitän, dem Hannes in „Große Freiheit Nr. 7“ (1944/45) klagend anvertraut, er sei schon viel zu fest an Land vertäut, das bedeutet auch bei weiblichen Landratten, antwortet ihm: „Du bist doch noch jung, du kannst dich doch noch freisegeln, sonst geht's dir noch wie mir.“ Und wie geht es dem alten Kapitän? Er muß bald in die Grube fahren.
Bindung bedeutet in letzter Konsequenz den Tod des Abenteurers. Hier liegt der tiefste Grund für das berüchtigte „Häschenwesen“, das den meisten Frauen in Albers-Filmen zugewiesen wird. Er nennt die oft um Jahrzehnte jüngeren Frauen, an die er sich heranmacht, mit einigem Recht „Kind“ oder „Kindchen“, auch wenn er sie nicht adoptieren will. Als wolle er sich dafür rächen, daß er bis zum vierzigsten Jahr in kleinen Rollen Beiwerk von Frauenkörpern sein mußte, dominiert er das andere Geschlecht in seinen Rollen zwischen 1930 und 1943 weitgehend ungeniert. In verschiedene Kleidchen gehüllt, mit unterschiedlichen Löckchen verziert, aber durchgehend niedlich, flüchten sich die jungen Weibchen unter die beschützenden Schwingen des großen Hans. Er hat sie verführt mit seiner schwer sentimentalen Stimme und seinem wärmenden Blick. Magisch angezogen vom Reich der Gefühle, in dem sie sich daheim fühlen, fliegen die Frauen ausgerechnet dem Mann zu, der sie verlassen wird - es sei denn, der Filmautor hält noch schnell ein Heftpflästerchen parat, um den Großen und die Kleine zusammenzukleben.
Fast durchweg behandelt Hans die Frauen wie unmündige Kinder, denen glücklicherweise endlich ein Mann mit Überblick, Kraft und Erfahrung begegnet. Das onkelhafte Betragen hat etwas für sich. Es mindert einerseits die sexuell gefährliche Ausstrahlung, die Frau und Mann überwältigen könnte, und verwandelt sie in ein harmloses Spielchen. Und dann: Gott wie gut, wenn Hans in der Nähe wäre, sollte man je in Gefahr geraten. Die Männer der Kinogängerinnen sind entweder im Krieg oder auch sonst eher unbrauchbar. Vieles müssen Frauen allein entscheiden, aushalten und erarbeiten. Da schleicht sich Hans, der Beschützer, in ihre Tagträume und kommt gerade recht. Nur wenige würden gern auf eine solche Stütze verzichten. Für die Frauen ist er der Mann, den man gerne hätte, für die Männer der, der man gern geworden wäre.

Die sehr jungen Frauen haben noch einen anderen Vorzug, der im Patriarchat - und diesem sind die Hans-Albers-Figuren ohne Umschweife zuzuordnen - von entscheidendem Wert ist: Die Kälbchen, die er für sich entdeckt, sind mit ziemlicher Sicherheit jungfräulich. Nachkommen wären also von eindeutiger Abstammung, und die Gefahr, daß ein Wilderer im eigenen Revier erfolgreich jagte, ist gering. Vater wird Albers als Albers-Darsteller - bis auf eine Ausnahme - erst in den Nachkriegsfilmen, aber dann sind seine Söhne auch gleich erwachsen. Der Typ des Abenteurers eignet sich nun mal nicht zur Brutpflege, denn diese verlangt Konstanz und Fürsorge, die er nur für untergeordnete Weggefährten - siehe „Münchhausen“ oder „Der Mann, der Sherlock Holmes war“ - aufbringt. Nicht zuletzt erhöht der kindliche Frauentyp den Helden durch entgegengesetzte Eigenschaften. Die verkürzte Jugend im beschützten Areal der Jungfrauen bedeutet Erlebnisarmut. Die junge Frau wird unerfahren gehalten, ohnehin ist sie körperlich schwächer. Seiner Aktivität und Entscheidungsstärke stehen ihre Passivität und Erwartung gegenüber. Sie ist einfach, treu und beständig. Sie wird warten, denn einen Besseren wird sie weder suchen noch finden. Damit empfiehlt sie sich - kriegskompatibel - als ideales Ruhekissen für müde Helden.

Das Paradekissen des Abgekämpften bleibt aber die Mutter. Die gute Mutti sorgt sich um ihren Liebling und hält immer zu ihm. In „Carl Peters“ (1941) kann man ein groteskes Beispiel einer solchen Mutter-Sohn-Bindung besichtigen. Auch für Sergeant Berry ist die Mutterbindung etwas Heiliges, wie für Hans Albers, der häufig als Muttersöhnchen verspottet wird. Wie Berry erschöpft sich auch Albers im täglichen Kampf um die eigene Großartigkeit. Mütter, die besonders häufig ihrem einzigen, auserwählten oder jüngsten Sohn lebenslange Fürsorge garantieren, werden zur notwendigen Energiesteckdose, die Wiederaufladung und Rückbestätigung ermöglicht. Die pathologischen Momente zu starker Mutterbindung werden in einem Nachkriegsfilm und in einer Nebenfigur angedeutet, die natürlich nicht Hans Albers spielt. Horst Frank ist in „Der Greifer“ (1958) ein kranker Serienmörder, der skrupellos blonde Frauen umbringt, aber seiner Mutter mit Hingabe und Abhängigkeit anhängt. Doch auch der so glücklich und souverän erscheinende Hans Albers ruft beinahe täglich seine Mutter an und trifft sie, so oft es geht. Er behält auch Kostüme aus seinen Filmen, wärmt sich in Gesellschaften, gleich Münchhausen, an Erzählungen eigener Heldentaten und geht ins Kino, um sich selbst zuzusehen. Niemand, auch nicht Hans Albers, hat dauernd die Kraft fürs Heldische ohne Atempausen. In diesen Atempausen richtet er sich an den Kunstfiguren auf, die er verkörpert, lehnt sich an eine treue Frau und an seine geliebte Mutter. Äußerlich starke Männer wie Hans zeigen anderen Männern ihre Schwächen nur selten, denn sie wissen, daß sie in einer Konkurrenzgesellschaft leben, in der Schwäche zum Untergang führen kann.

Der letzte, während des Krieges fertiggestellte Albers-Film, „Große Freiheit Nr. 7“ (1944/45), hat nur in Prag Premiere, weil Goebbels Einwände gegen die wenig heldische Darstellung des Seemannslebens vorbringt. Der Film bedeutet eine Wende für Albers in vieler Hinsicht: Er zeigt Müdigkeit, er wechselt in das Rollenfach des älteren Mannes, er verliert im Kampf um die geliebte, viel jüngere Gisa, die von der zweiundzwanzigjährigen Ilse Werner gespielt wird. Der ganze Film strahlt Melancholie und Wärme aus.
Seine verspätete Berlin-Premiere am 9. September 1945 in einer kriegsverwüsteten Stadt trifft haargenau das Lebensgefühl der Verlierer. Albers, vom Publikum zuletzt als „Münchhausen“ gesehen,

taucht als Hannes Kröger in einem noch unversehrt wirkenden Hamburg wieder auf. Er wird von den Deutschen gefeiert, denn er ist einer der ihren. Er siegt mit ihnen und er verliert mit ihnen. Zweimal Glück für Albers obendrein: Hansi Burg kommt zu ihm zurück und hilft als exilierte Jüdin, den Repräsentanten des NS-Films vom Ruch der Dienstbarkeit zu befreien. Und er kann nach mehr als zehnjähriger Bühnenpause in seiner Leib- und Magenrolle als Liliom noch einmal Triumphe feiern. Trotzdem: nur ein mäßig erfolgreicher Film bis 1950, dann zunehmend Rollen, in denen ein älterer Mann den Jungen beweisen muß, daß er noch etwas taugt.
Die Jungen laufen ihm den Rang auch in Wirklichkeit ab. Nicht er darf 1954 „Des Teufels General" spielen - trotz erheblicher Bemühungen um die Rolle bei dem vertrauten Regisseur Helmut Käutner, sondern sein jüngeres Alter ego Curd Jürgens. Die Willensfreiheit scheitert an der Vergänglichkeit des Starkörpers. Die Westdeutschen wünschen ihrem Hans so sehr eine Wiederauferstehung und ein Wunder, wie sie es sich selbst wünschen. Sie bejubeln ihn und ehren ihn bei jeder Gelegenheit, nicht nur 1956 auf der Berlinale, wo „Vor Sonnenaufgang" gezeigt wird. Dennoch zahlt der Lebenslustige nun den Tribut dafür, daß er sich nie geschont hat. Obwohl er schon früh der „Negerkönig" genannt wird, weil er von großen schwarzen Schrifttafeln - im Filmslang „Neger" genannt - seine Texte ablesen muß, nehmen die Gedächtnislücken zu.
In den fünfziger Jahren ist er zwar immer noch hinter Frauen her und trinkt weiterhin täglich flaschenweise Cognac, aber die Ausschweifungen verschleißen mehr als früher. Er singt noch, kratzig und voller Sentiment, beherrscht den Rhythmus des gefühlsgeladenen Sprechgesangs. Aber leider kann er sich nicht wie Münchhausen mit großer Geste verabschieden, kann nicht loslassen, wagt eben nicht den letzten tollen Sprung aus dem Bild. Bis zu seinem Todesjahr 1960 spielt er auf der verstimmten Klaviatur des endlosen Abstiegs. Bis zuletzt behält er jedoch eine Eigenschaft, die ihn weit über jedes Männlichkeitsgehabe hinaus sympathisch macht: seinen Humor.

Der gravierende Unterschied des Kämpfers Albers zu Schwarzenegger und Stallone, deren muskel- und waffenstarrende Körperfotos Mörder und Vergewaltiger im Jugoslawien der neunziger Jahre bei sich trugen, besteht darin, daß Albers trotz allen Mannesmutes nicht den Haß, sondern die Lebensfreude verkörpert.
Ein Spruch wie „Leben und leben lassen, beziehungsweise saufen und saufen lassen", den Oliver Montstuart in „Wasser für Canitoga" (1939) abläßt, klingt nach O-Ton Albers, wie andere Sätze in anderen Albers-Filmen auch. Erich Kästner schreibt klugerweise sowohl für Münchhausen als auch für Albers. Caliostro muß deshalb von Münchhausen hören, daß sein Angebot, gemeinsam zu herrschen, ausgeschlagen wird. Münchhausen/Albers will nicht herrschen, er brauche zwar Abenteuer, Krieg und Frauen, aber zum Leben - sagt er -, nicht zum Herrschen. Münchhausen strahlt Lebenslust aus und liebt den deftigen Spaß. Zu Albers gehört das jungenhaft herausfordernde „Na, nun woll'n wa doch mal sehn ...". Witz verschafft ihm Luft, Gags und Sprüche mildern kämpferische Handlungen und lokkern auf. Die Unfehlbarkeit der Albersschen Film- und Lebensfigur wird durch Selbstironie erträglich. Wenn Albers kommt, klopft er Schultern und Sprüche. Er kann sich mit anderen freuen und erfindet im Handumdrehen Hausmittel gegen die Unbill des Lebens. Alles und jeden nennt er einen „Otto, Otto". Er liebt Volkssportarten und unverstellte Leute. Er ist großherzig und gibt gern. Er hat es nicht nötig, sich bei irgendwem anzubiedern. Wer mit ihm lachen darf, erfährt eine Auszeichnung durch einen Volksschauspieler. Wenn er scherzt oder eine alberne Nebenbewegung macht, wankt die obwaltende Ordnung. Verkrampfte Ernsthaftigkeit ist nichts für Albers. Er ist freundlich zu allen Kreaturen, böse nur zu Sittenstrolchen, Bornierten und Feinden. Aber wer will schon der Feind eines guten Kerls sein?

Sein Humor trennt nicht, er führt zusammen. Ich bin wie du, sagt er, wir sind beide nur unvollkommene Menschen, die gern einen draufmachen. In Kneipen residiert er, den Rücken zur Wand, wie ein Volkskönig, der die Fülle seiner Macht genießt. Seine Augen strahlen die Wärme freudespendender Spirituosen ab. Albers hebt fröhlich das Glas oder ein Mädchen, er legt seinen starken Arm um schwache Schultern von Frau und Mann. Obwohl ihm die Verbissenheit der Diktatur stinkt, kann sie ihn verkraften, denn er ist kein Intellektueller, dessen Witz abgründig und subversiv funkelt. Er ist Spieler und Glückspilz. Als Einzelerscheinung ist er aber auch Zivilist, nicht nur Soldat. Als fröhlicher Provokateur, der auch im Lachen eigene Maße setzt, findet er Freunde unter systemfernen und systemnahen Zuschauern. Wie Münchhausen zwinkert Albers uns zu. Den herausfordernden Blick zu deuten, bleibt uns überlassen.

Wie fern ist uns Hans Albers, mehr als hundert Jahre nach seiner Geburt, mehr als fünfzig Jahre nach seinen Triumphen, über vierzig Jahre nach seinem Tod?

Ein Calvin-Klein-Model braucht nicht mehr groß und stark zu sein. Seine Kleidung ist keine Uniform und unterscheidet sich nur wenig von der für Frauen. Albers scheint ein Auslaufmodell zu sein. Aber in jeder Stellenanzeige lauert die Suche nach Eigenschaften, die Albers zu bieten hätte. Gefordert werden nach wie vor Führungsqualitäten wie Durchsetzungskraft, außergewöhnliche Belastbarkeit, Zuverlässigkeit, Zielstrebigkeit, Lust an Neuerungen sowie Mut und Kraft, sie umzusetzen. Seit einigen Jahren wird Humor als integrierender Faktor des Arbeitsklimas für Topmanager sogar in teuren Kursen als notwendiger Zuschlagsstoff offeriert. Gutes Aussehen der Verkäufer, so ermittelte eine Forschungsgruppe 1997, erhöht die Erfolgsquote von Vertragsverhandlungen in der Werbebranche. Hans Albers hätte alle Chancen und dasselbe Handikap wie anno dazumal: Er wäre zu alt.

Die magische Zahl 30 hat ihren Stellenwert durch Jahrtausende behaupten können. Sport, Abenteuer, Körperkult und Hedonismus, für die Albers steht, haben sich gar zu Industrien mit riesigen Mitarbeiterheeren ausgewachsen. Der Abenteuer- und Jagdtrieb feiert inmitten der allweil beklagten Zertrümmerung überlieferter Zivilisationswerte fröhlich Urständ.

Das Wort Wettbewerb bläst sich durch Globalisierung und Arbeitslosigkeit in den westlichen Ländern zu neuer Monumentalität auf. Der fröhliche Sieg über die Natur, ein Urwunschbild abendländischer Geschichte, muß immer schneller und immer vollständiger errungen werden. Eine Ikone dieser Kultur ist der omnipotente, siegreiche, junge Mann. Auch wenn die Menschheit zwischen sich und die Natur, als deren Teil sie sich immer weniger begreifen will, eine hochdifferenzierte Technik gestellt hat, verehrt sie doch in Werbe- und Kinobildern weiter diese Ikone, zu deren Form auch Albers beitrug. Die Gegenikone des Verlierers, die christliche Spuren trägt und das Empfindliche, Ausgelieferte der Kreaturen betont, zeigt eine andere Realität und ist gleichzeitig Zeichen von Zeiten, die es sich leisten wollen, auch die wenig Widerstandsfähigen wahrzunehmen.

Eine hauchzarte Schale von Menschlichkeit und Zivilisation überzieht als Kultur den Urgrund vom Kampf um Futter und Vorherrschaften, der seit Menschengedenken mit tradierter Geschlechterteilung und männlichem Durchsetzungsdruck einherging. Der drohende und schon stattfindende Verlust des Wohllebens für die Massen in Europa und Amerika, die Rückkehr zu ungeschöntem Kapitalismus, das Aufflammen von Kriegen auf den Inseln des Luxus, gefährdet Schwesterlichkeit und Brüderlichkeit.

Das Rambotum hat Konjunktur, sei es in der zarten Gestalt des Hakkers am nächtlichen Computer, in der der Geschäftsführerin, in der des Legionärs oder in der des glatten Anzugträgers, der die kannibalistischen Kämpfe der Medienwelt auf finanztechnischem Felde ausficht. In entspannten Momenten könnte der Macho auch ein vertrautes, väterliches Gesicht zeigen. Er mag manchmal liebenswert sein oder fröhlich lachen.

Würden Filme nicht so rasch altern, hätte Hans Albers jedenfalls alle Chancen, sich aus einer Antiquität in einen Trendsetter zu verwandeln, denn er gibt ein Bild von einem Mann, dessen Konturen auf gegenwärtige Schnittmuster passen.

Kindheit und Jugend 1891 - 1918

Hamburg,
Stadtteil St. Georg, 1905

Eine der Großmütter von Hans Albers. Seine Familie ist bäuerlicher Herkunft und stammt mütterlicherseits aus Schleswig-Holstein, väterlicherseits aus den Vierlanden auf Hamburger Gebiet.

Die Eltern. Schlächtermeister Wilhelm Philipp Albers und seine Frau Johanna Dorothea

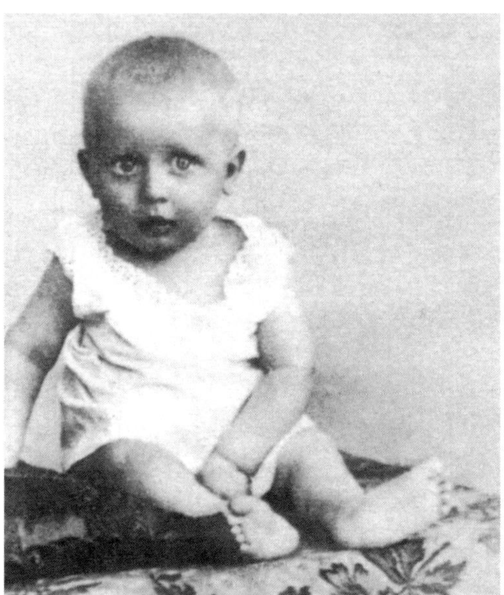

Das älteste, im Jahr 1892 aufgenommene Albers-Foto.
Laut Geburten-Register erblickte der Knabe Hans Philipp August am 22. September 1891 das Licht der Welt und nicht 1892, wie später von Hans Albers angegeben.

Während Hans Albers zeitlebens ein inniges Verhältnis zur Mutter pflegt, sucht er dem Vater respektvoll aus dem Wege zu gehen. Obwohl selbst Theater-Liebhaber, dauert es lange, bis der „schöne Wilhelm“ den Weg seines Sohnes zur Bühne akzeptiert.

Mit Hilfe seiner Schwestern gelingt es Hans Albers, trotz väterlichen Verbots, seiner Leidenschaft zu frönen. Vom ersten Theaterbesuch an, einer Weihnachtsveranstaltung für Kinder im Hamburger Schauspielhaus, ist er der Bühne verfallen.

„Nichts konnte mich davon abbringen, weder Schelte, noch Prügel, noch die Gefahr, zum dritten Male aus der Schule entlassen zu werden.“
Hans Albers

Hamburger Schauspielhaus

Nach den verhaßten Stunden im Kontor einer Chemikalienhandlung eilt der Lehrling Albers in den Musentempel. Hier begegnet er zum ersten Mal Eugen Burg, einem Star der Hamburger Theaterkreise. Der Schauspieler und Regisseur wird sein Vorbild, ihm fühlt er sich ein Leben lang beruflich und privat verbunden.

Nach kurzem Aufenthalt in Frankfurt am Main, wo er eine kaufmännische Anstellung findet und Schauspielunterricht nimmt, erhält er 1911 ein festes Engagement: im sächsischen Kurort Bad Schandau. Albers gibt in einem Lustspiel den Sohn des Herrn Grafen, welcher vom Direktor des Theaters dargestellt wird. Der erste Schritt ist getan, aber ein Erfolg ist es nicht.

„Hervorragend wie immer ... unser allverehrter Direktor, es war eine Freude, sein Spiel zu beobachten. Ganz aus der Art geschlagen hingegen sein Sohn, gespielt von Herrn Hans Albers. Derartige Darstellungen, die alles zu wünschen übrig lassen, sind wir Gott sei Dank an unserem Theater nicht gewohnt."

Bad Schandau, Blick auf die Kuranlagen

Mit der Mutter,
um 1914

Engagements an den Bühnen von Demmin, Plau, Teterow, Bützow, Neubrandenburg und Güstrow bringen dem jungen Schauspieler vor allem Erfahrungen: Albers als Liebhaber, jugendlicher Held, Heldenvater, Operettenbuffo, Charakterdarsteller.

Hamburg, Blick auf die St. Jacobi-Kirche, rechts das Thalia-Theater

Was er sich vorgenommen hat, gelingt: Neben anderen Bühnen seiner Vaterstadt nehmen das Hansa-Theater und das Thalia-Theater Hans Albers unter Vertrag.

Soldat bei der Infanterie

Der Weltkrieg unterbricht seine ersten Erfolge. Albers wird 1915 zum Militärdienst eingezogen und an die Front geschickt.
Ende 1916, nach einer Verwundung an der Schulter und folgendem Lazarettaufenthalt, darf er - dienstuntauglich - als Schauspieler in Uniform wieder Theater spielen.

Arbeit für Theater und Leinwand 1919 - 1927

Berlin, Blick auf den Potsdamer Platz, um 1920

Der Krieg ist vorbei. Hans Albers zieht es nach Berlin, wo ihm Empfehlungen von Eugen Burg weiterhelfen. Am Theater des Westens erhält er in der zweiten Besetzung kleine Rollen und erregt die Aufmerksamkeit der Starsopranistin Claire Dux. Beide gehen eine Liaison ein. So öffnen sich dem jungen Unbekannten die Türen zu Salons, in denen namhafte Theaterbesitzer, Regisseure, Schauspieler verkehren.

Die Gebrüder Rotter Anfang der 20er Jahre, hinter Hans Albers Hansi Burg

Die Gebrüder Rotter unterhalten mehrere Theater; für ihre populären Inszenierungen kommt ihnen der ehrgeizige junge Mann, der „richtig“ Theater spielen will, dem aber kein Augenzwinkern ins Publikum, kein Gag zuviel ist, gerade recht. Albers bleibt den Rotters stets verbunden, wechselt aber bald zu Meinhard und Bernauer ins Theater am Nollendorfplatz, wo er zunächst einmal Liebhaber geben soll.

Theater am Nollendorfplatz

„Er fühlte sich als erzwungener Liebhaber schrecklich unglücklich bei uns ... Doch er war ehrgeizig und verständig genug, die an ihn gewendete Dressur als heilsame Schulung für die Zukunft anzuerkennen. Nachdem er noch einige Male, sogar in einem Strindberg, als Jüngling auf der Szene gestanden hatte, bat er uns händeringend und schließlich mit Erfolg, ihn doch in einer komischen Operettenrolle auszuprobieren. Gleich bei seinem ersten Auftreten schlug er ein. Als er zum Schluß einer Tanznummer, in der er die waghalsigsten Sprünge vollführt hatte, scheinbar zufällig ausglitt und im Souffleurkasten verschwand ..., kannte der Jubel der Menge keine Grenzen.“
Rudolf Bernauer, 1956

Hans Albers und Jenny Steiner in einer Nelson-Revue, 1924

Allmählich bahnen sich größere Erfolge an: zunächst als Tausendsassa. Auftritte mit Fritzi Massary, Europas letzter großer Operettendiva, verschaffen Albers weitere Popularität. Unwiderstehlich im Frack, eine Blume im Knopfloch, ist er von den großen Berliner Revue-Bühnen bald nicht mehr wegzudenken: er arbeitet bei Haller, James Klein, Nelson.

Hansi Burg, um 1920

Hans Albers, um 1925

Im Nelson Theater begegnen sich Hansi Burg und Hans Albers, die einander aus Hamburger Kindertagen kennen, als Kollegen wieder. Die junge, gut ausgebildete Schauspielerin tritt auch an den Rotter-Bühnen auf, u. a. neben Adele Sandrock in Komödien von Oscar Wilde. Doch das Theater bedeutet ihr nicht alles. Nachdem es ihr gelungen ist, den Auserwählten von Claire Dux zu trennen, widmet sie sich nur noch ihm. Hans Albers findet in Hansi Burg eine kluge Lebensgefährtin, Beraterin, Managerin.

Inzwischen bewohnt Albers ein Appartement im noblen Berliner „Adlon“ nahe dem Brandenburger Tor, wo viele Künstler verkehren. Die allabendlichen Pokerrunden schmälern allerdings den Geldbeutel beträchtlich, und so kommt es, daß der Schauspieler immer öfter in Stummfilmen zu sehen ist, denn beim Film kann man sich schnell eine Mark dazuverdienen. Bis 1929 wird Hans Albers in etwa 105 Stummfilmen mitwirken.

Brief (wahrscheinlich Mitte der 20er Jahre) von Hans Albers an Hansi Burg, in dem es u. a. um sein wichtigstes Requisit geht: das Toupet

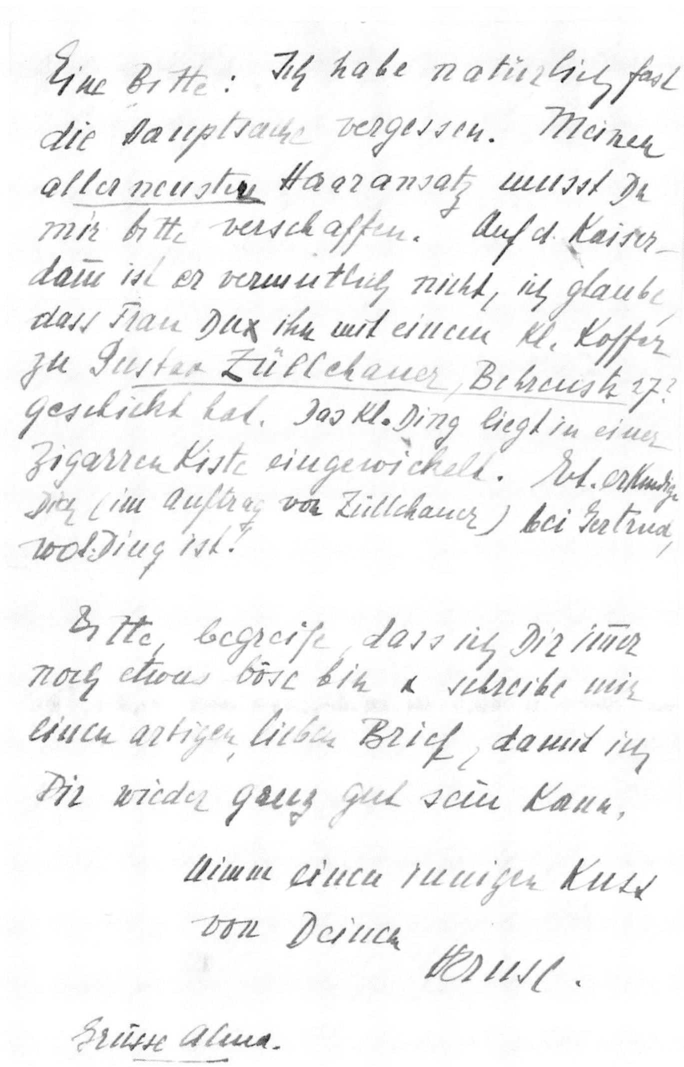

Eine Bitte: Ich habe natürlich fast
die Hauptsache vergessen. Meinen
allerneusten Haaransatz musst Du
mir bitte verschaffen. Auf d. Kaiser-
damm ist er vermutlich nicht, ich glaube
dass Frau Dux ihn mit einem kl. Koffer
zu Gustav Züllchauer, Behrenstr. 27?
geschickt hat. Das kl. Ding liegt in einer
Zigarrenkiste eingewickelt. Erkl. erkundige
Dich (im Auftrag von Züllchauer) bei Gertrud
wo das Ding ist!

Bitte, begreife dass ich Dir immer
noch etwas böse bin & schreibe mir
einen artigen lieben Brief, damit ich
Dir wieder ganz gut sein kann.

Nimm einen innigen Kuss
von Deinem
Hansl.

Grüsse Alma.

Hans Albers mit Carola Toelle in **Das Lied der Colombine**
Deutschland 1918, Regie: *Emil Justitz*

Hans Albers als
der böse Geist in
Lumpaci Vagabundus

Lumpaci Vagabundus
Deutschland 1922

Hersteller: *Carl Wilhelm-Film*
Regie: *Carl Wilhelm*
Drehbuch: *Carl Wilhelm,*
n. d. Bühnenstück v. Johann Nestroy
Kamera: *Willy Gaebel*
Darsteller: *Hans Albers,*
Otto Laubinger, Karl Etlinger,
Hans Brausewetter, Josefine Dora,
Gisela Schönfeld u. a.

In einer typischen Frackrolle, Stummfilm um 1925

Rollen als Hochstapler und Scheckfälscher, Spion oder Dieb, betrügerischer Fabrikbesitzer, gerissener Spekulant, ehrenhafter Lebemann, Verführer und Gentleman-Verbrecher werden zu seinen Kino-Markenzeichen. Albers ist beliebt, obwohl seine strahlenden Augen wegen der noch sehr geringen Lichtempfindlichkeit des Materials kaum zur Wirkung kommen.

Scharf profiliert und überzeugend als Ganove erscheint Hans Albers in Gustav Ucickys Erstlingswerk **Vererbte Triebe**, Deutschland 1929.

Mit Lucy Doraine in **Der Prinz und die Tänzerin**

Der Prinz und die Tänzerin
Deutschland 1926

Hersteller: *Richard-Eichberg-Film* Regie: *Richard Eichberg* Drehbuch: *Leo Birinski* Kamera: *Heinrich Gärtner* Darsteller: *Hans Albers (der falsche Prinz), Lucy Doraine, Willy Fritsch, Robert Scholz, Adolphe Engers, Charlotte Susa u. a.*

Beginn einer großen Karriere 1928 - 1932

Berlin, Deutsches Theater

Albers ist ein Glückskind. Der Zufall bietet ihm eine Chance, zu wirklichem Ruhm zu gelangen, und er nutzt sie.
Denn von Max Reinhardt engagiert zu werden, bedeutet zu dieser Zeit die absolute Spitze dessen, was ein Schauspieler auf einer deutschen Bühne erreichen kann.

„Seine Karriere begann am 23. Oktober 1928 ... 'Verbrecher' von Ferdinand Bruckner wurde gespielt, Oskar Homolka sollte die Rolle des stellungslosen Kellners Gustav Tunichtgut übernehmen; ein Mannsbild, das für und von den Frauen lebte. Homolka gab die Rolle zurück, und [Heinz] Hilpert wollte dafür einen bestimmten Schauspieler haben, der Abend für Abend im Varieté der Komischen Oper im Frack und Zylinder aus großer Höhe in ein schmales Wasserbecken sprang: Sein Name: Hans Albers.
Hilpert setzte seine Forderung durch. So kam es, daß der junge blonde Mann als Partner von Lucie Höflich neben Gustaf Gründgens, Maria Fein und Mathias Wieman auf einer Reinhardt-Bühne stand.
Ganz Berlin kam zur Premiere, ganz Berlin stand Kopf."
Heinz Rühmann

Hans Albers als Sergeant Quirt und Maria Bard in **Rivalen** von Anderson/Stallings (u. a. mit Fritz Kortner, Felix Bressart, Ernst Busch) am Theater in der Königgrätzer Straße, 1929
Regie: *Erwin Piscator*

„Ein Mannskerl, eine Gewaltnatur mit fröhlichem Herzen, ein mündiger Lausbub, ein Akrobat und Sänger - das wird Albers immer mit einem verführerischen Charme sein können."
Monty Jacobs, Vossische Zeitung, Berlin 1929

Hans Albers ist in die Garde der ernstzunehmenden Bühnenschauspieler aufgenommen. Seine Rollen fordern heraus, was in ihm steckt: Schnauze, viel Herz und Energie. Mit seinem „Otto-Otto" nimmt er die Bühne ein, bringt er seinen Partner,den hochangesehenen Charakterdarsteller Fritz Kortner, gewissermaßen um dessen Erfolg.

„Ich kam aus Alabama übern großen Teich daher,
ich hatte keinen Pyjama und auch keinen Strohhut mehr.
Als ich meine Braut verließ, da
sprang sie hinter mir ins Meer.
Doch die beste Braut des Kriegers
ist bekanntlich das Gewehr.
Oh, Susanna, das ist schon lange her,
darum wein dir nicht die Augen aus,
wenn ich nicht wiederkehr ..."

(Traditional, Bearbeitung: *Carl Zuckmayer*
und Walter Goehr)

Hans Albers als Hochstapler Jean in Georg Kaisers Revue **Zwei Krawatten** am Berliner Theater, 1929
Regie: *Rudolf Forster Larrinaga*

Josef von Sternberg besucht die Vorführung in der Absicht, Hans Albers für seinen Film **Der blaue Engel** zu engagieren. Und er findet - obendrein - in einer kleinen Rolle seine „Lola" - Marlene Dietrich.

Titelblatt des Programms zu
Die Nacht gehört uns

Albers gibt den Globetrotter Harry Bredow, einen Naturburschen, der die schmucke Rennfahrerin Bettina Bang aus einem Auto befreit, woraus sich eine Liebesgeschichte entwickelt.
Das Aufregende am Film und an Hans Albers war, eine Sprache wie im richtigen Leben zu hören:
„Ja, nu' quatsch nicht, halt deinen Mund und hilf mir lieber", sagt Harry zu einem hilfsbereiten Bauern.
Und zu Bettina Bang: „Wie geht's Ihnen, mein Kind, äh, mein Fräulein. Liebes Fräulein, antworten Sie doch mal! Wo tut's denn weh? Was soll ich bloß machen, Mensch?"

„... er hat, als ein unbefangener, frecher Kerl, die Tonfilmsprache erfunden ... Denn er fühlte, daß es zu den Aufgaben des Tonfilms gehört, die Sprache in die übrige Welt der Laute einzuordnen."
Rudolf Arnheim, 1931

„Dieser Filmschauspieler, der einst Einbrecher und elegante Schurken spielte, wird plötzlich Deutschlands Filmliebling Nr. 1: die Inkarnation des Märchenprinzen."
Siegfried Kracauer, 1946

Die Nacht gehört uns
Deutschland 1929

Hersteller: *Froelich-Film* Regie: *Carl Froelich*
Drehbuch: *Walter Reisch, Walter Supper*
n. d. gleichn. Bühnenstück v. Henry Kistemaeckers
Kamera: *Reimar Kuntze, Charles Métain*
Musik: *Hansom Milde-Meissner*
Darsteller: *Hans Albers, Charlotte Ander, Otto Wallburg, Walter Janssen, Ida Wüst, Lucie Englisch u. a.*

Marlene Dietrich, Hans Albers, Emil Jannings in **Der blaue Engel**

Der blaue Engel
Deutschland 1930

Hersteller: *Ufa* Regie: *Josef von Sternberg*
Drehbuch: *Robert Liebmann n. d. v. Carl Zuckmayer, Karl Vollmoeller u. d. Autor frei bearb. Roman „Professor Unrat" v. Heinrich Mann*
Kamera: *Günther Rittau, Hans Schneeberger*
Musik: *Friedrich Hollaender* Darsteller: *Hans Albers, Emil Jannings, Marlene Dietrich, Kurt Gerron, Rosa Valetti, Reinhold Bernt u. a.*

Albers spielt den Artisten Mazeppa, der Lola erfolgreich den Hof macht und ihren Mann, Professor Rath, schließlich in die Zwangsjacke steckt. Die Stars des Films sind zweifellos Marlene Dietrich und Emil Jannings.
Doch die Filmkarriere von Hans Albers hat bereits vor vier Monaten mit der Premiere von **Die Nacht gehört uns** begonnen - einem der ersten deutschen Tonfilme.

Hans Albers und Charlotte Susa in **Der Greifer**

Als Scotland-Yard-Detektiv hat Hans Albers an einem Seil schwingend einen großen Raum zu durchqueren, in schwindelerregenden Höhen an Hausdächern entlangzubalancieren und sich den Künsten eines Messerwerfers auszusetzen. Nicht jetzt und überhaupt nie beansprucht er ein Double.

„Mit ihm kam ein amerikanischer Typus im deutschen Kino auf, einer, der nicht vom Staatstheater verbogen war, sondern als Vollblut des Showtalents von unten her, von Zirkus und Varieté, sich oben behauptete ... Der stumme Film war sein Tummelfeld, um Posen zu probieren; der Tonfilm sollte seine Arena werden, sein ewiges Kunststück: in allen Lagen unbesiegt."
Karsten Witte, 1977

„Das ist die Liebe der Matrosen!
Auf die Dauer, lieber Schatz,
ist mein Herz kein Ankerplatz.
Es blüh'n an allen Küsten Rosen
und für jede gibt es tausendfach Ersatz!"

Der erste Film, in dem Hans Albers und Heinz Rühmann gemeinsam auftreten, gehört zu den erfolgreichsten des Jahres.
Die Ufa kann mit ihrem neuen Star, mit dem sie einen langfristigen Vertrag geschlossen hat, zufrieden sein.

Der Greifer
Deutschland 1930

Hersteller: *Richard Eichberg-Film in Gemeinschaft mit British International Pictures* Regie: *Richard Eichberg* Drehbuch: *Rudolf Katscher, Egon Eis n. einer Idee v. Victor Kendall* Kamera: *Heinrich Gärtner, Bruno Mondi* Musik: *Hans May* Darsteller: *Hans Albers, Eugen Burg, Harry Hardt, Margot Walter, Charlotte Susa, Karl Ludwig Diehl u. a.*

Bomben auf Monte Carlo
Deutschland 1931

Hersteller: *Ufa* Regie: *Hanns Schwarz* Drehbuch: *Hans Müller, Franz Schulz n. Motiven v. Eugen (Jenö) Heltai u. d. gleichn. Roman v. Fritz (Friedrich) Reck-Malleczewen* Kamera: *Günther Rittau, Konstantin Tschet* Musik: *Werner Richard Heymann* Liedertexte: *Robert Gilbert* Darsteller: *Hans Albers, Anna Sten, Heinz Rühmann, Ida Wüst, Karl Etlinger, Rachel Devirys, Kurt Gerron, Peter Lorre u. a.*

Mit Anna Sten als Yola in **Bomben auf Monte Carlo**

Als Kapitän eines Kriegsschiffes verspielt Albers im Casino von Monte Carlo die Gelder, mit denen er seine Mannschaft hätte entlohnen sollen, und versucht anschließend, das Verlorene durch Androhung eines Feuerüberfalls zurückzugewinnen.

„Indem man den Helden als einen Kerl hinstellt, glaubt man seine Handlungsweise nicht nur entschuldigt, sondern gar in höhere Sphären erhoben zu haben. Freund und Geliebte stimmen am Schluß darin überein, daß er trotz seiner Charakterlosigkeit der feinste Kerl sei, den es überhaupt gebe. Natürlich wird er von Hans Albers gespielt, dessen Bestimmung nachgerade zu sein scheint, den Typus des feinsten Kerls zu verkörpern."
Siegfried Kracauer, 1931

*„Kind, du brauchst nicht weinen,
Du hast ja einen und der bin ich.
Brauchst du einen ganz schnell,
dann ruf' nach Hans Schnell - denn
der bin ich."*

Hans Albers in **Der Draufgänger**, einer verwickelten Kriminalgeschichte im Hamburger Hafenmilieu. Hafenpolizist Hans Röder stellt einen Perlendieb, entlarvt einen Mörder und kann am Ende die 'kleine' Trude, Animierreiterin im Zirkus (Martha Eggerth), in die Arme schließen.

In **Der Sieger** gibt Albers einen kleinen Hotel-Telegrafisten, der zu Geld kommt und es wieder verliert. Am Ende erringt er die Tochter eines Bankiers (Käthe von Nagy).

Der Draufgänger
Deutschland 1931

Hersteller: *Richard Eichberg-Film*
Regie: *Richard Eichberg* Drehbuch: *Josef Than, Richard Eichberg n. einer Novelle v. Franz Höllering* Kamera: *Heinrich Gärtner, Bruno Mondi*
Musik: *Hans May* Liedertexte: *Kurt Schwabach*
Darsteller: *Hans Albers, Alfred Beierle, Sigurd Lohde, Gerda Maurus, Ernst Stahl-Nachbaur, Fritz Klippel, Eugen Burg u. a.*

„Hoppla! Jetzt komm ich! (...)
Und wer mit mir geht,
der kommt eins rauf!
Einen Happen möcht ich schnappen
von der schönen Welt! (...)
Alle Türen auf! Alle Fenster auf!
Und die Straße frei für mich!"

„Das Geheimnis eines solchen Schlagers ist natürlich Hans Albers. Er, und nur er allein in Deutschland, kann so etwas singen, ohne daß man sich sofort zu der Antwort verpflichtet fühlt: Also, nun geben Sie mal nicht so an, Herr ... Er allein kann so etwas über die Lippen bringen, weil er eine gewisse Berechtigung dazu hat. Er ist eben der Sieger, der Draufgänger, der Hans in allen Gassen..."
Curt Riess, 1958

Der Sieger
Deutschland 1931

Hersteller: *Ufa* Regie: *Hans Hinrich, Paul Martin* Drehbuch: *Leonhard Frank, Robert Liebmann* Kamera: *Günther Rittau, Otto Baecker* Musik: *Werner Richard Heymann* Liedertexte: *Robert Gilbert, Robert Liebmann, Max Kolpe* Darsteller: *Hans Albers, Käthe von Nagy, Julius Falkenstein, Hans Brausewetter, Frida Richard, Max Gülstorff, Ida Wüst, Adele Sandrock, Eugen Burg u. a.*

Quick
Deutschland 1932

Hersteller: *Ufa* Regie: *Robert Siodmak* Drehbuch: *Hans Müller n. d. gleichn. Bühnenstück v. Felix Gandéra* Kamera: *Günther Rittau, Otto Baecker* Musik: *Hans-Otto Borgmann, Gérard Jacobson, Werner Richard Heymann* Darsteller: *Hans Albers, Lilian Harvey, Willy Stettner, Albert von Kersten, Paul Hörbiger, Carl Meinhard u.a.*

Der weiße Dämon
Deutschland 1932

Hersteller: *Ufa* Regie: *Kurt Gerron* Drehbuch: *Philipp Lothar Mayring, Dr. Fritz Zeckendorf* Kamera: *Carl Hoffmann* Musik: *Hans-Otto Borgmann* Darsteller: *Hans Albers, Lucie Höflich, Gerda Maurus, Trude von Molo, Alfred Abel, Hans-Joachim Schaufuss, Eugen Burg u. a.*

Hans Albers und
Lilian Harvey in **Quick**

Das Ufa-Traumpaar Hans Albers und Lilian Harvey bringt nicht den ersehnten Erfolg. Kritiker und Publikum verlangen nach ihrem Sieger und Draufgänger und nicht nach einem Varieté-Clown, der am Ende weint, weil die geliebte Frau ihn verschmäht.

„Weg mit der Schminke, Hanne, wer solche blauen Augen hat wie du, der kämpft mit offenem Visier."
B.Z.am Mittag, Berlin 1932

Mit Gerda Maurus als
Heini Gildemeisters Schwester

Hans Albers jagt als Heini Gildemeister in **Der weiße Dämon** eine Bande von Rauschgiftschmugglern und siegt - natürlich -, womit er den Mißerfolg von **Quick** wettmachen kann. Vor vier Kinos am Berliner Ku'damm, die den Film gleichzeitig spielen, bilden sich Abend für Abend Zuschauerschlangen.

Arbeitslose vor dem Arbeitsamt Berlin-Neukölln, um 1930

„Die Zeiten waren tatsächlich so schlecht, daß sogar qualifizierte Facharbeiter, wenn sie einmal entlassen waren, nicht mit einer Wiedereinstellung rechnen konnten. Die meisten Erfolgsfilme betonten daher lieber, daß Glück mehr noch als die Befähigung die wahre Ursache einer glänzenden Laufbahn sei."
Siegfried Kracauer, 1946

„In Albers haben wir das optimistische Gesicht der Zeit, in dem sich der schlichte und zugleich zähe Wille ausdrückt, den Gefahren standzuhalten, die Nöte zu überwinden. Wenn es manchmal auch verdammt schwerfallen mag - man pfeift sich eins, man behält den Kopf oben, ohne eine verzuckerte oder verlogene Sonne im Herzen zu haben, deren unechter Schein plötzlich alles vergolden soll ..."
Fred Ritter, 1932

Der Flieger Ellissen (Hans Albers), ein vagabundierender Ozeanflieger, unglücklich verliebt in die reiche Tochter des Lennartz-Werkbesitzers, rettet am Ende eine schwimmende Flugzeugplattform im Ozean vor bösen „Sabogenten", die der Werft Schaden zufügen sollen. **F.P.1 antwortet nicht** ist ein voller Erfolg. Kritiker loben dieses Mal Albers als den „Draufgänger, der sich in die Gewalt bekommt".

*„Flieger, grüß mir die Sonne,
grüß mir die Sterne und grüß mir den Mond (...)
Schneller und immer schneller
rast der Propeller,
wie dir's grad gefällt. Piloten ist nichts verboten,
drum gib Vollgas und flieg um die Welt (...)"*

Auch Frankreich und England interessieren sich für den Filmstoff **F.P.1 antwortet nicht**. In Frankreich übernimmt Charles Boyer (rechts) die Rolle des Ellissen, in England wird er von Conrad Veidt dargestellt.

F.P.1 antwortet nicht
Deutschland 1932

Hersteller: *Ufa* Regie: *Karl Hartl* Drehbuch: *Walter Reisch n. d. gleichn. Roman v. Kurt Siodmak*
Kamera: *Günther Rittau, Konstantin Irmen-Tschet, Otto Baecker* Musik: *Allan Gray, Hans-Otto Borgmann*
Liedertexte: *Walter Reisch* Darsteller: *Hans Albers, Sybille Schmitz, Paul Hartmann, Peter Lorre, Hermann Speelmans, Paul Westermeier u. a.*

Erste wirkliche Hauptrolle 1931

Bis 1934 bleibt der Schauspieler Hans Albers ein Grenzgänger zwischen Theater und Film. 1931 erhält er an der Volksbühne Berlin/Theater am Bülowplatz unter der Regie von Karl Heinz Martin die Rolle des Liliom in Franz Molnárs gleichnamigem Stück. Mehr als eintausendmal wird er darin auf der Bühne stehen. Im Film bleibt ihm seine Paraderolle versagt: Fritz Lang dreht **Liliom** 1934 im französischen Exil mit Charles Boyer in der Titelrolle.

„Die Wirkung von Albers ist aus allen Teilen gemischt. Er könnte ebenso aus einem Groschenroman wie aus einem Roman von Döblin stammen. Aus dem Groschenroman ist das treue Auge, das er ins Parkett wirft, und das breite Lachen, wenn er sich vorbeugt. Aus einer Dichtung von Döblin könnten diese greifenden Gesten, diese ausladenden Gebärden, diese Phantastik seiner Bewegungen sein ... In seinen glücklichsten Momenten (auch im 'Liliom') wendet er sich an alle, an das breite Publikum, wie an die verwöhnten Literaten. Das ist das Geheimnis seines Erfolges. (...)
Hans Albers schlug durch vom Parkett bis zur äußersten Galerie."
Herbert Ihering, 1931

„Komm auf die Schaukel, Luise!
Es ist ein großes Plaisir.
Du fühlst dich wie im Paradiese
und zahlst nur 'nen Groschen dafür."

(Aus **Liliom** Musik: *Theo Mackeben*
Text: *Hans Herbert*)

Franz Molnár (rechts) wehrte sich vehement gegen die Besetzung seines Liliom mit Hans Albers. Er kann sich den blonden, blau-äugigen Hamburger für die in Ungarn spielende Handlung nicht vorstellen. Nach der Premiere bittet er ihn um Verzeihung. Albers macht sein Stück in allen deutschsprachigen Ländern bekannt.

Charlie Chaplin, der sich gerade in Berlin aufhält, besucht Albers nach einer **Liliom**-Vorstellung in der Garderobe. „... das hat meine ganze Europareise und alle Strapazen des Gefeiertwerdens gelohnt ...“, begrüßt er Hans Albers.

„Als das Klingelzeichen Albers auf die Bühne rief, wollte Charlie ihn nicht fortlassen. Beide umarmten sich und tranken Brüderschaft ... Nach Schluß der Aufführung gab es wieder - für Albers und Chaplin - minutenlange Beifallsstürme.“
8-Uhr-Abendblatt, Berlin 1931

Tag der Machtergreifung Hitlers am 30.1.1933;
Fackelzug von Nationalsozialisten am Brandenburger Tor

Bei der Premiere von Kurt Gerrons **Heut kommt's drauf an** im Gloria-Palast Berlin, März 1933, ist bereits der zuständige neue Minister anwesend: Joseph Goebbels. Danach kommt nur noch ein Gerron-Film ins Kino. Sein Name wird auf die „Schwarze Liste" gesetzt, weil er Jude ist. Ein Lied aus dem spritzigen, aber belanglosen Musikfilm, in dem Albers einen ums „Goldene Saxophon" ringenden Kapellmeister spielt, avanciert umgehend zum Schlager:

„Mein Gorilla hat 'ne Villa im Zoo,
mein Gorilla lebt zufrieden und froh,
Er kennt keine Politik,
und es ist sein höchstes Glück,
die Gemahlin zu jucken
und auf jeden, der ihn stört,
aus der Villa ganz empört
voll Verachtung zu spucken!"

Hans Albers dreht unverändert Film auf Film. In der turbulenten Spionage-Geschichte **Ein gewisser Herr Gran** (hier in einer Szene mit Karin Hardt) hat er als Geheimagent diverse Abenteuer zu bestehen. Keinen Aufwand scheuend, begibt man sich zu Aufnahmen nach Rom und Venedig.

Heut kommt's drauf an
Deutschland 1933

Hersteller: *Boston-Film* Regie: *Kurt Gerron*
Drehbuch: *Philipp Lothar Mayring, Wolfgang Wilhelm*
Kamera: *Bruno Mondi* Musik: *Helmut Wolfes* Darsteller: *Hans Albers, Luise Rainer, Oskar Karlweis, Oskar Sima, Max Gülstorff u. a.*

Ein gewisser Herr Gran
Deutschland 1933

Hersteller: *Ufa* Regie: *Gerhard Lamprecht*
Drehbuch: *Philipp Lothar Mayring* Kamera: *Eduard Hoesch*
Musik: *Hermann Schulenburg, Hans-Otto Borgmann*
Darsteller: *Hans Albers, Albert Bassermann, Rose Stradner, Walter Rilla, Karin Hardt, Olga Tschechowa u. a.*

Flüchtlinge schildert das Schicksal von Wolgadeutschen, die Hans Albers als ihr Führer Arneth aus der Sowjetunion über China nach Deutschland bringt.
„Jeder für sich - oder einer für alle: Gottvertrauen oder öder Materialismus? Führergrundsatz oder alles besser wissen wollen? Gemeinnutz oder Eigennutz? Ordnung oder Anarchie?" - so schlägt das Programm zum Film Andersdenkende aus dem Feld. Ein Junge, dem Führer Arneth treu ergeben, stirbt für die Gemeinschaft. Arneth: „Ich denke, er hat einen guten Tod gehabt. Ich möcht' auch mal so einen haben. Für was sterben können. Das ist das Beste."

Mit Käthe von Nagy als Kristja

Flüchtlinge wird der erste Film, der einen Staatspreis erhält. In den Dialogen, so Propagandaminister Goebbels, „ist der Geist von unserem Geist, Kraft von unserer Kraft und Wille von unserem Willen“. An der Verleihung des Preises nimmt Hans Albers nicht teil.

Flüchtlinge
Deutschland 1933

Hersteller: *Ufa* Regie: *Gustav Ucicky*
Drehbuch: *Gerhard Menzel*
n. s. Roman „Deutsche wollen heim“
Kamera: *Fritz Arno Wagner*
Musik: *Herbert Windt, Ernst Erich Buder*
Darsteller: *Hans Albers,*
Käthe von Nagy, Eugen Klöpfer,
Ida Wüst, Walter Herrmann,
Veit Harlan u. a.

Gold ist eine utopische Geschichte um die Gewinnung von Gold durch Atomzertrümmerung von Blei. Forschungsassistent Werner Holk - Hans Albers - rächt seinen Freund, der einem Sabotageakt zum Opfer fiel, und verhindert die Unglück verheißende Produktion.

Gold
Deutschland 1934

Hersteller: *Ufa* Regie: *Karl Hartl*
Drehbuch: *Rolf E. Vanloo*
Kamera: *Günther Rittau, Otto Baecker, Werner Bohne*
Musik: *Hans-Otto Borgmann*
Darsteller: *Hans Albers, Friedrich Kayssler, Lien Deyers, Michael Bohnen, Brigitte Helm u. a.*

Eugen Burg, um 1930

„Hans Albers wird eines Tages in Begleitung seines Schwiegervaters Eugen Burg der Zutritt zum Club [Kameradschaft deutscher Künstler] verwehrt. 'Juden haben keinen Zutritt', sagt der Türsteher ... Albers läßt den Clubleiter kommen ... 'Wenn Herrn Burg der Zutritt verwehrt wird, dann habe ich in diesem Laden auch nichts zu suchen!'"
nach Georg Thomalla

Nach vierzigjähriger erfolgreicher Tätigkeit für Bühne und Film erhält Eugen Burg 1933 Beschäftigungsverbot. Wie lange er sich noch in Deutschland aufhält, ist unbekannt. Während des Zweiten Weltkriegs wird er verhaftet und ins Konzentrationslager Theresienstadt gebracht, wo er stirbt. Von ihm existiert heute kaum mehr ein Foto oder Dokument. Andere jüdische Produzenten, Regisseure, Drehbuchautoren, Komponisten von Albers-Filmen und Schauspieler-Kollegen sind emigriert: darunter Erich Pommer, Hanns Schwarz, Robert Liebmann, Werner Richard Heymann, Peter Lorre. Kurt Gerron und Otto Wallburg werden in Konzentrationslagern ermordet.

Privataufnahmen während der Dreharbeiten zu **Peer Gynt**

„Wer im August dieses schönen Sommers in die einsamen Täler Norwegens eindrang, war gewiß auf alles andere gefaßt, als mit einer deutschen Filmgesellschaft zusammenzutreffen. Plötzlich, ohne jede Vorbereitung und literarische Repetition steht man an einer Wegkrümmung ihm selbst gegenüber.
Peer Gynt, dargestellt durch Hans Albers ..."
B. Schrammen-Lübeck
(Text und Fotos)

Peer Gynt
Deutschland 1934

Hersteller: *Bavaria-Film*
Regie: *Fritz Wendhausen*
Drehbuch: *Josef Stolzing-Czerny, Richard Billinger, Friedrich Reck-Malleczewen n. Motiven v. Henrik Ibsens gleichn. Bühnenstück*
Kamera: *Carl Hoffmann*
Musik: *Guiseppe Becce n. Motiven v. Edvard Grieg*
Darsteller: *Hans Albers, Lucie Höflich, Marieluise Claudius, Ellen Frank, Olga Tschechowa u. a.*

In einer Szene mit Olga Tschechowa

„Ich schaff' alles im Leben, was ich will" ..., sagt Peer Gynt alias Hans Albers. **Peer Gynt**, für die Bavaria die teuerste Produktion der Saison, bringt nicht den Erfolg, den man sich erhofft hat. Kritiker bemängeln die Charakterdarstellung durch den Star, der sich in unnatürlicher Übersteigerung in „Hopsassa und Trallala-Gestik" verliere.

Nach seiner Rückkehr aus Norwegen hat Albers seinen Paß abzuliefern; er wird außerdem aus der Reichsfilmkammer, in die er nach längerem Zögern eingetreten war, ausgeschlossen. Grund für diese staatlichen Maßnahmen ist offensichtlich die Renitenz des Stars: Er folgt kaum den Einladungen Goebbels - vor allem aber verweigert er die endgültige Trennung von seiner Lebensgefährtin Hansi Burg. Doch unabhängig von diesen Querelen setzt Hans Albers immer höhere Gagenforderungen durch. Er wird zum bestverdienenden männlichen Star des Deutschen Reiches.

1934 kauft Albers in Garatshausen am Starnberger See seine
„Rosenvilla“ mit Bootshaus.

In der „Rosenvilla“ findet er Ruhe und Gemütlichkeit.

In Berlin, wo er vor allem arbeitet, Vergnügungen der Großstadt und das Beisammensein mit Künstlerfreunden genießt, bewohnt er eine Wohnung in Tiergarten und unterhält ein Haus in Kladow.

Hans Albers, um 1935

Selbstbehauptung und Kompromisse 1935 - 1938

Berlin, im Hintergrund der Bahnhof Friedrichstraße, um 1935

Obwohl man 1935 von einem Verbot der Albers-Filme munkelt, geht ein Werk nach dem anderen mit dem populärsten männlichen Star in Produktion. **Varieté** ist ein Remake des Stummfilm-Erfolgs aus dem Jahre 1925, in dem Emil Jannings die Hauptrolle spielt. Für Albers ist es die zweite Rolle nach **Quick**, in der er ein Clown sein darf.

„Die Seele dieser Menschen hat mich immer fasziniert. Nur wegen der Clowns bin ich immer in den Zirkus gegangen."
Hans Albers

Varieté
Deutschland 1935

Hersteller: *Bavaria-Film/Vandor-Films*
Regie: *Nikolaus Farkas, Jacob Geis*
Drehbuch: *Nikolaus Farkas, Rolf E. Vanloo*
Kamera: *Victor Arménise*
Musik: *Hans Carste*
Darsteller: *Hans Albers, Annabella, Attila Hörbiger, Karl Etlinger, Ernst Rotmund, Gerhard Dammann u. a.*

Henker, Frauen und Soldaten: Hans Albers in einer Doppelrolle als tapferer Flieger eines baltischen Freikorps, Michael von Prack, und als blutrünstiger Bolschewiken-General Alexej Alexandrowitsch von Prack. Die Geschichte der zwei Vettern spielt im Ersten Weltkrieg. Michael von Prack verkörpert, ohne daß dies deutlich ausgesprochen wird, die „gerechte“ Sache der Deutschen gegen die „rote Gefahr“. Schließlich stirbt er den „Heldentod“.

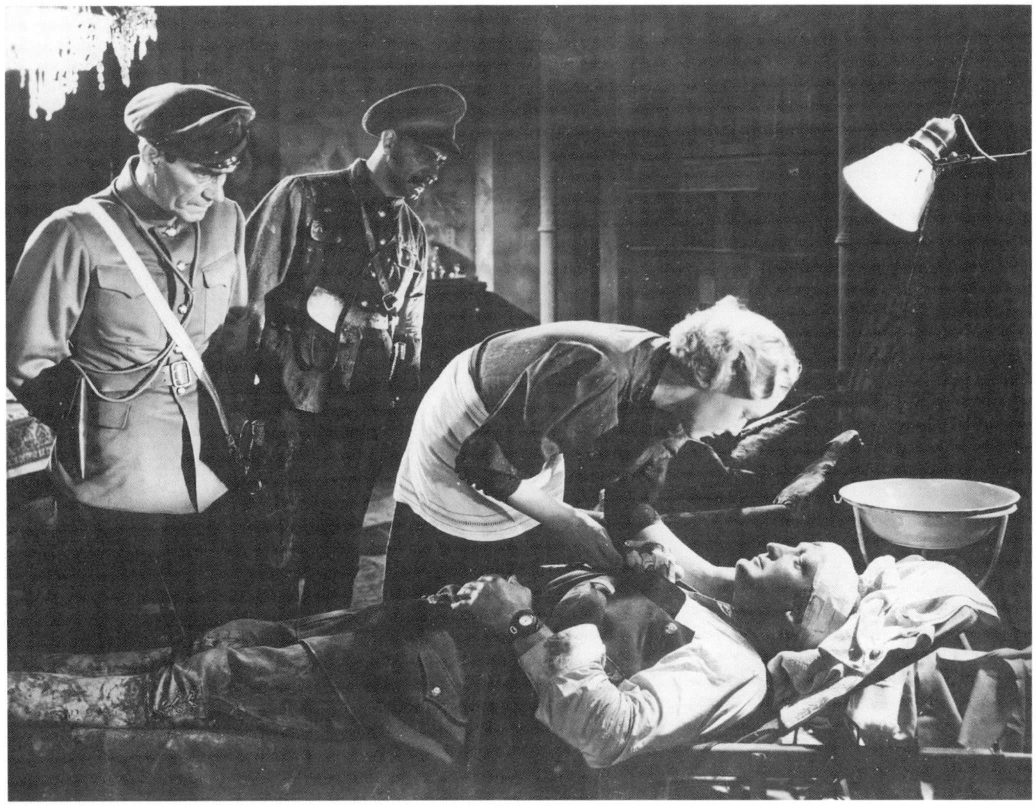

Mit Charlotte Susa als Spionin, die Prack zunächst für dessen zynischen Vetter gehalten hatte und nun ihren Irrtum bereut.

Der Flieger läßt seine Kameraden nicht im Stich.

Goebbels hält in seinem Tagebuch fest: „... ein spannender und hinreißender Film mit Albers. Man kann schon einen Aufstieg im deutschen Film feststellen."

Henker, Frauen und Soldaten
Deutschland 1935

Hersteller: *Bavaria-Film* Regie: *Johannes Meyer*
Drehbuch: *Max Kimmich, Jacob Geis*
n. d. Roman „Ein Mannsbild namens Prack"
v. Fritz Reck-Malleczewen Kamera: *Franz Koch*
Musik: *Peter Kreuder* Darsteller: *Hans Albers,*
Charlotte Susa, Jack Trevor, Ernst Dumcke,
Aribert Wäscher, Hubert von Meyerinck u. a.

Hans Albers gerät als Kellner Andrei Antonowitsch Wolodkin in **Savoy-Hotel 217** unter Mordverdacht. Aber er ist nur so lange der begehrte Verführer, bis er das Mädel gefunden hat, dem er treu sein will. Beinahe hätte die Ufa den Film bzw. den Star fallengelassen, denn Albers hatte sich in der Öffentlichkeit abfällig über Kollegen des Teams geäußert; außerdem stellt er sich immer wieder in den Vordergrund. Doch auch jetzt gibt das Studio schließlich nach.

Mit Brigitte Horney als verführerische Gräfin

Mit Gusti Huber als braves Mädel Darja Sergejewna Plagina

*„In meinem Herzen, Schatz,
da ist für viele Platz -
ein hübsches Mägdelein kann stets hinein -
ich küß' die Julischka, ich küß' die Veruschka
und sag' der Annuschka, mein Herz ist Dein".*

Savoy-Hotel 217
Deutschland 1936

Hersteller: *Ufa* Regie: *Gustav Ucicky*
Drehbuch: *Gerhard Menzel* Kamera: *Fritz Arno Wagner*
Musik: *Walter Gronostay* Darsteller: *Hans Albers, Brigitte Horney, Käthe Dorsch, Alexander Engel, René Deltgen, Gusti Huber u. a.*

Plakatierung für die Premiere
Unter heißem Himmel
im Ufa-Zoo-Palast am 23.12.1936

Albers, umgeben von 'seinem' Team - er nimmt inzwischen erheblich Einfluß auf die Besetzung -, gibt einen Kapitän, der es im Ägäischen Meer mit einer Waffenschmugglerbande aufnimmt.
In einem Ufa-Werbeblatt sagt Regisseur Ucicky voraus, daß „das deutsche Publikum mit seinem ewigen Wanderherzen an den herrlichen Griechenland-Bildern seine helle Freude haben und sein Herz auch diesem prachtvollen Kellersperg zuwenden wird, der, eine männliche Kämpfernatur, für das Gute eintritt, darüber fast zu Fall kommt und schließlich doch der Sieger seiner gerechten Sache wird".

Unter heißem Himmel
Deutschland 1936

Hersteller: *Ufa* Regie: *Gustav Ucicky*
Drehbuch: *Gerhard Menzel*
Kamera: *Fritz Arno Wagner*
Musik: *Theo Mackeben* Darsteller: *Hans Albers, Lotte Lang, Aribert Wäscher, Eberhard Leithoff, Alexander Engel u. a.*

Endlich wieder mit Heinz Rühmann in einem Film. **Der Mann, der Sherlock Holmes war** überlebt die Zeiten als Dauerrenner. Ein Krimi, der sich nicht ernst nimmt, in dem beide Stars ihrem Affen Zucker geben können.

„Jawoll, meine Herrn,
so hab'n wir es gern,
von heut an gehört uns die Welt ...“

Der Mann, der Sherlock Holmes war
Deutschland 1937

Hersteller: *Ufa* Regie: *Karl Hartl*
Drehbuch: *Robert A. Stemmle, Karl Hartl*
Kamera: *Fritz Arno Wagner* Musik: *Hans Sommer*
Darsteller: *Hans Albers, Heinz Rühmann, Marieluise Claudius, Hansi Knoteck u. a.*

Umgeben von schönen Frauen und hübschen Mädels (links: Lissy Arna, rechts: Margit Symo) ist Hans Albers auch als ehemaliger Flieger Diercksen in **Die gelbe Flagge**, einem Abenteuerfilm vor südamerikanischem Hintergrund. Die Journalistin Helen (Olga Tschechowa), eine emanzipierte Amerikanerin, muß allerdings zur Kenntnis nehmen, daß der Draufgänger Diercksen diese Art Frauen verabscheut: „Ich ärgere mich, wenn 'ne Frau sich wie ein Mann aufspielt, bloß weil sie kein kleines Stückchen von ihrer Selbständigkeit aufgeben will.“

Die gelbe Flagge
Deutschland 1937

Hersteller: *Euphono-Film* Regie: *Gerhard Lamprecht*
Drehbuch: *Helmut Brandis, Otto Linnekogel n. d. gleichn. Roman v. Fred Andreas* Kamera: *Franz Koch*
Musik: *Giuseppe Becce* Darsteller: *Hans Albers, Olga Tschechowa, Dorothea Wieck, Gothart Portloff, Rudolf Klein-Rogge u. a.*

In **Fahrendes Volk**, hier mit Françoise Rosay als Zirkus-Dompteuse und Hannes Stelzer als Sohn, übernimmt Hans Albers erstmals eine Rolle als Vater, was durchaus seinem natürlichen Alter entspricht. Zudem ist Fernand kein Held; er stiehlt, betrügt und lügt. Am Ende wird er von der Polizei erschossen - Albers sieht seine Rolle als Star gefährdet.

„Albers war maßlos eifersüchtig auf die Szenen der Rosay. Einmal kam er nach einer Einstellung mit der Rosay wütend zu mir in die Garderobe, ließ sich auf mein Sofa fallen, daß es nur so knallte und schimpfte, was sonst nicht seine Art war: 'Und wenn die Rosay sich weiße Pfauenfedern in den Arsch steckt, das wird trotzdem ein Albers-Film'."
Camilla Horn

Fahrendes Volk
Deutschland 1938

Hersteller: *Deutsch-französische Gemeinschaftsproduktion, Tobis-Filmkunst, Berlin/Paris* Regie: *Jacques Feyder*
Drehbuch: *Jacques Feyder, Bernhard Zimmer*
Kamera: *Fritz Koch, Josef Illig* Musik: *Wolfgang Zeller*
Darsteller: *Hans Albers, Françoise Rosay, Camilla Horn, Herbert Hübner, Hannes Stelzer, Irene von Meyendorff u. a.*

Meinem geliebten Jungen alles, alles
Gute für seinen Besitz in Garatshausen.
In Liebe
Deine Mutter
September 1936.

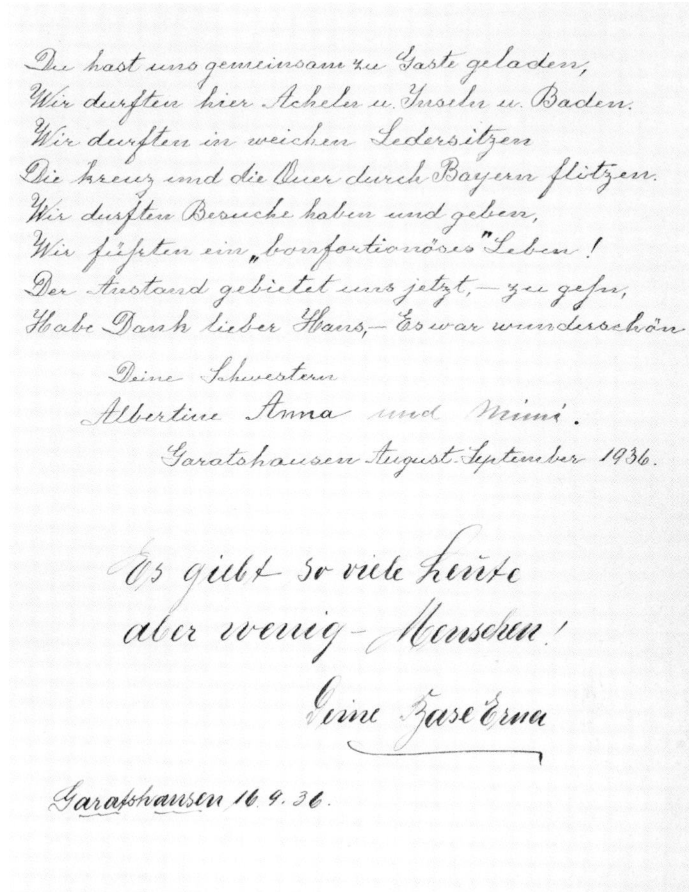
Du hast uns gemeinsam zu Gaste geladen,
Wir durften hier Acheln u. Inseln u. Baden.
Wir durften in weichen Ledersitzen
Die kreuz und die Quer durch Bayern flitzen.
Wir durften Besuche haben und geben,
Wir führten ein „komfortionöses" Leben!
Der Anstand gebietet uns jetzt, – zu gehn,
Habe Dank lieber Hans, – Es war wunderschön

Deine Schwestern
Albertine Anna und Mimi.
Garatshausen August-September 1936.

Es giebt so viele Leute
aber wenig – Menschen!

Deine Base Erna

Garatshausen 16. 9. 36.

Eintragungen ins Gästebuch zeugen von glücklichen Tagen und vom Stolz der Familie auf ihren „Jungen"

Ausfahrt von Mutter und Schwestern mit Chauffeur

So glücklich, wie die im Bild festgehaltenen Erinnerungen scheinen, sind die 30er Jahre nicht. Besonders nicht für Hansi Burg, die als Jüdin nur wegen ihrer Verbindung mit Hans Albers einen gewissen Schutz genießt. Bisher waren die Versuche der Naziführung, das Paar endgültig zu trennen, vergeblich gewesen. Man beobachtet, mißtraut Albers. Da er nur im deutschen Sprachraum populär ist, kaum Englisch spricht, kommt für ihn eine Emigration nicht in Frage. 1938 beugen sich Hansi Burg und Hans Albers dem Druck des Propagandaministeriums und der Ufa. Hansi Burg emigriert über die Schweiz und Frankreich nach England.
Nach einem Leben, in dem Geld keine Rolle gespielt hat, ist sie plötzlich arm wie eine Kirchenmaus. Kapital auf ausländischen Banken besitzt Albers nicht. Schließlich findet Hansi Burg Arbeit in einem Textilunternehmen, organisiert und moderiert Modenschauen, denn im Scheinwerferlicht zu stehen, ist sie gewohnt.

In diesem undatierten Brief von Hansi Burg an Hans Albers geht es ums Abschiednehmen. Es ist ein Brief voller Liebe und Verzweiflung.

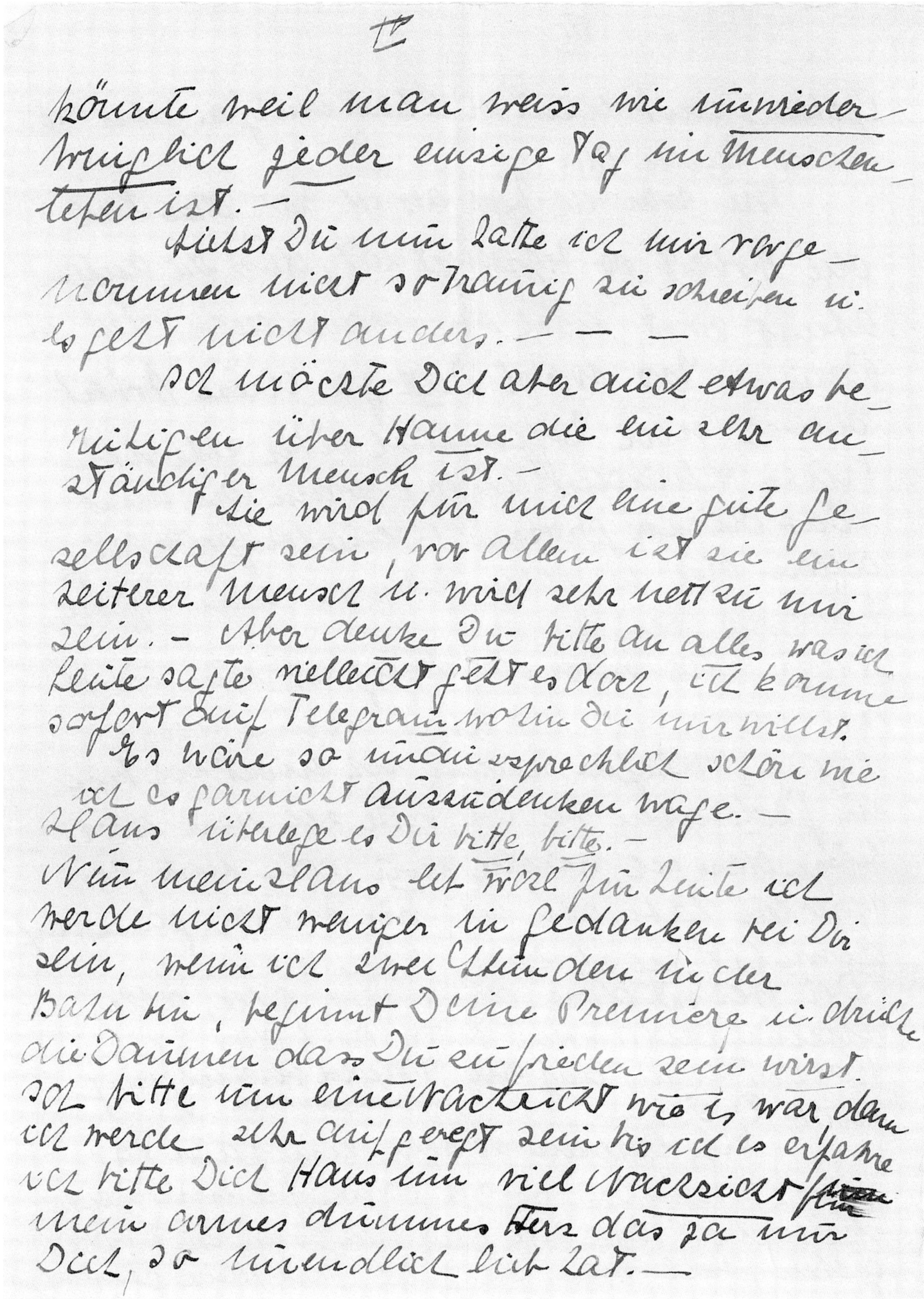

II

könnte weil man weiss wie unwieder-
bringlich jeder einzige Tag im Menschen-
leben ist. —
Siehst Du nun hatte ich mir vorge-
nommen nicht so traurig zu schreiben u.
es geht nicht anders. — — —
Ich möchte Dich aber auch etwas be-
ruhigen über Hanne die ein sehr an-
ständiger Mensch ist. —
Sie wird für mich eine gute Ge-
sellschaft sein, vor allem ist sie ein
heiterer Mensch u. wird sehr nett zu mir
sein. — Aber denke Du bitte an alles was ich
heute sagte vielleicht geht es doch, ich komme
sofort auf Telegramm wohin Du mich willst.
Es wäre so unaussprechlich schön wie
ich es garnicht auszudenken wage. —
Hans überlege es Dir bitte, bitte. —
Nun mein Hans leb wohl für heute ich
werde nicht weniger in Gedanken bei Dir
sein, wenn ich zwei Stunden in der
Bahn bin, beginnt Deine Premiere u. drücke
die Daumen dass Du zufrieden sein wirst.
Ich bitte um eine Nachricht wie es war denn
ich werde sehr aufgeregt sein bis ich es erfahre
ich bitte Dich Hans um viel Nachsicht für
mein armes dummes Herz das ja nur
Dich, so unendlich lieb hat. —

In der Burleske **Sergeant Berry** gibt Albers einen amerikanischen Polizisten, der aus Chicago an die amerikanisch-mexikanische Grenze versetzt wird und dort eine Schmugglerbande jagt. Hier mit Herma Relin als temperamentvolle Mexikanerin, deren Herz Berry erobert. **Sergeant Berry** ist der erste von insgesamt fünf Filmen, die Albers bis 1941 unter der Regie von Herbert Selpin drehen wird.

Sergeant Berry
Deutschland 1938

Hersteller: *Euphono-Film* Regie: *Herbert Selpin* Drehbuch: *Walter Wassermann, C. H. Diller (d. i. Lotte Neumann) n. d. Roman „Sergeant Berry und der Zufall" von Robert Arden* Kamera: *Franz Koch* Musik: *Hans Sommer* Darsteller: *Hans Albers, Toni von Bukovics, Peter Voss, Edwin Jürgensen, Gerd Höst, Alexander Golling, Herma Relin u. a.*

Wasser für Canitoga, ein dramatischer Männerfilm, handelt vom Bau einer Wasserleitung im Norden Kanadas.
Albers als rauhbeiniger Oliver Montstuart setzt sein Leben für das Gelingen dieses Projekts ein.
Besonders eines der beiden Lieder, die der Star, eine Whisky-Flasche im Takt schwingend, mit gebrochener Stimme vorträgt, läßt das Publikum vor Begeisterung rasen:

> *„Good bye, Jonny, good bye, Jonny!*
> *Schön wär's mit uns zwei'n,*
> *aber leider, aber leider kann's nicht immer so sein.*
> *Good bye, Jonny, good bye, Jonny!*
> *Mach mir's nicht so schwer!*
> *Ich muß weiter, immer weiter, meinem Glück hinterher."*

Mit Hilde Sessak als Sekretärin. Zwischen Albers und der Schauspielerin entwickelte sich ein freundschaftliches Verhältnis. Für sie setzt er sich auch beim nächsten Film ein.
Sein Wort zählt - ob es sich ums Drehbuch oder um die Vergabe von Rollen handelt.

Der rauhbeinige Kerl beschämt die feine Gesellschaft durch seine heldenhafte Tat.

Aus dem Programmheft

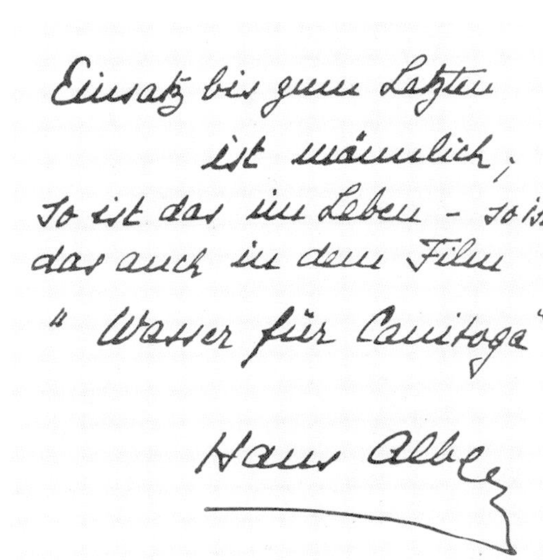
Einsatz bis zum Letzten
ist männlich;
so ist das im Leben – so ist
das auch in dem Film
„Wasser für Canitoga“

Hans Albers

Wasser für Canitoga
Deutschland 1939

Hersteller: *Bavaria-Filmkunst GmbH* Regie: *Herbert Selpin*
Drehbuch: *Walter Zerlett-Olfenius, n. d. gleichn. Bühnenstück v. Georg Turner (Pseudonym f. d. Autorenteam Hans Rehfisch, Otto u. Egon Eis), f. d. Film bearb. v. Emil Burri u. Peter Francke*
Kamera: *Franz Koch, Josef Illig* Musik: *Peter Kreuder*
Darsteller: *Hans Albers, Charlotte Susa, Hilde Sessak, Peter Voss, Josef Sieber, Heinrich Kalnberg u. a.*

Der dritte Film unter Herbert Selpins Regie ist wieder ein Lustspiel mit Abenteuercharakter. Albers als Percival Pattersson hat das Leben als Konzernherr satt und versucht - in allerlei Verkleidungen - dem zu entkommen.

Ein Mann auf Abwegen
Deutschland 1939/40

Hersteller: *Euphono Film* Regie: *Herbert Selpin*
Drehbuch: *H. G. Petersson, Walter Zerlett-Olfenius n. d. Roman „Percy auf Abwegen" v. Hans Thomas*
Kamera: *Franz Koch* Musik: *Franz Doelle*
Darsteller: *Hans Albers, Charlotte Thiele, Hilde Weissner, Hilde Sessak, Werner Fuetterer, Kurt den Douven u. a.*

Mit Oskar Sima als Harun Bashi

Albers wieder in einer Lieblingsrolle als kostümierter Held: **Trenck, der Pandur** handelt zu Zeiten von Österreichs Kaiserin Maria Theresia. Außer der Titelrolle Trenck spielt Albers noch dessen Vater und preußischen Vetter.

„Wir sind die Trenckschen Panduren,
die Pandi-, die Panda-, die Panduren.
Wir saufen jeden Becher leer,
wir raufen uns um unsere Ehr,
wir reiten wie der Blitz an den Feind heran,
wir streiten bis zum letzten Mann."

Trenck, der Pandur
Deutschland 1940

Hersteller: *Tobis* Regie: *Herbert Selpin*
Drehbuch: *Walter Zerlett-Olfenius, W. Sperber n. d. gleichn. Bühnenstück v. Otto Emmerich Groh*
Kamera: *Franz Koch* Musik: *Franz Doelle*
Darsteller: *Hans Albers, Käthe Dorsch, Sybille Schmitz, Hilde Weissner, Elisabeth Flickenschildt, Hans Nielsen, Oskar Sima u. a.*

Mit Sybille Schmitz als
Prinzessin Deinartstein

„Ich möchte den Deutschen die Welt öffnen", so Hans Albers als Kolonialpionier und Afrikaforscher Dr. Carl Peters. Biographien von „großen" Männern - das sind seine Wunschrollen. Die Dreharbeiten zum „Großfilm" **Carl Peters** werden vom Propagandaministerium überwacht.

Albers als Patriot in Deutsch-Ostafrika, da darf es keine Entgleisungen geben. Die Sorgen erweisen sich als unnötig, Albers verkörpert diesen Peters ganz im Sinne des herrschenden Zeitgeistes: „Wir sehen ihn in England mannhaft sein Deutschtum behaupten..."
Völkischer Beobachter, 1941

„Das Finale des Films wird zeigen, wie der weitsichtige und tatkräftige deutsche Kolonialpionier Carl Peters in seinen Tagebuchblättern die folgerichtige Entwicklung der politischen Machtkämpfe voraussieht, und wie ihm schon damals die große Auseinandersetzung des um seinen Lebensraum kämpfenden Deutschland mit dem Weltbedrücker England naturbedingt erschien. So schlägt sich die Brücke aus der Lebensarbeit des Dr. Peters mitten in die politische Wirklichkeit unserer Tage."
Illustrierter Film-Kurier, 1941

Die Uraufführung am 29.5.1941 im Berliner Zoo-Palast paßt gut in die Zeit. Überall kann man von den Taten des Deutschen Afrika-Korps lesen, dessen kommandierender General Erwin Rommel von Hitler gerade mit dem Eichenlaub-Ritterkreuz geschmückt wurde. Das Korps sollte vor allem eine drohende britische Invasion von Afrika aus verhindern. Ein Publikumserfolg wird der Propagandafilm **Carl Peters** dennoch nicht, denn Albers ist steif und ernst, was übrigens auch Goebbels mißfällt.

Bei den Dreharbeiten zu **Carl Peters** soll es zur Auseinandersetzung zwischen Herbert Selpin (links) und Hans Albers gekommen sein. Möglicherweise bemerkten beide, worauf sie sich eingelassen hatten. Trotzdem äußert Albers später: „Er ist der Mann, dem ich wohl die Höhepunkte meiner Filmlaufbahn zu verdanken habe.“ Zu weiterer Zusammenarbeit kommt es allerdings nicht. Selpin, von seinem langjährigen Autor Zerlett-Olfenius denunziert, weil er sich abfällig über Offiziere und Ordensträger geäußert hatte, wird verhaftet. Er erhängt sich - so die offizielle Version - in einer Zelle der Gestapo.

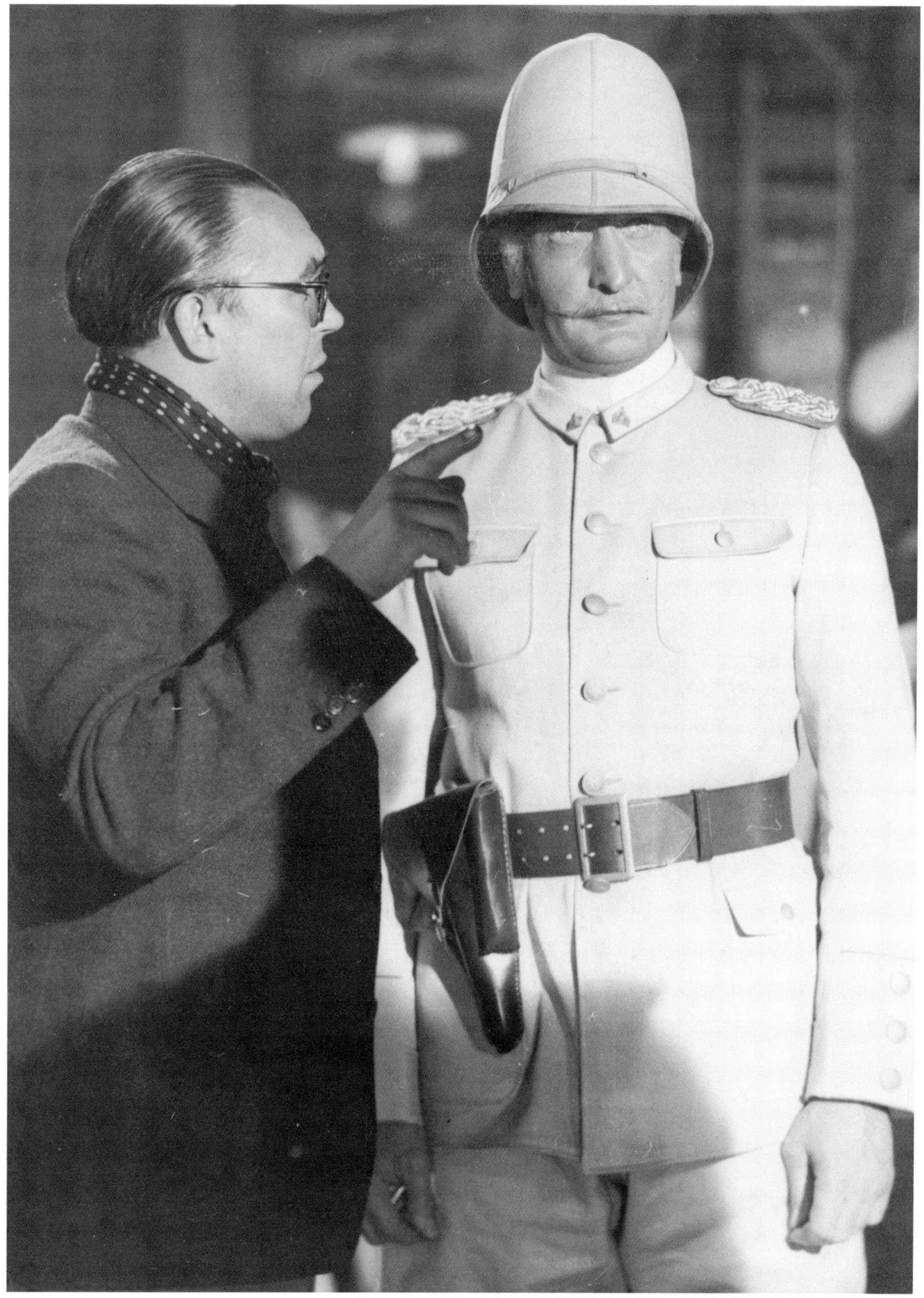

Carl Peters
Deutschland 1941

Hersteller: *Bavaria* Regie: *Herbert Selpin*
Drehbuch: *Ernst von Salomon, Walter Zerlett-Olfenius, Herbert Selpin*
Kamera: *Franz Koch* Musik: *Franz Doelle*
Darsteller: *Hans Albers, Karl Dannemann, Fritz Odemar, Toni von Bukovics, Hans Leibelt, Rolf Prasch u. a.*

Albers als Baron Freiherr von Münchhausen, zeitweise Offizier im Dienste der Zarin Katharina II., zieht gegen die Türken. Bei der Belagerung von Ortschakow fliegt er auf einer Kanonenkugel in die von den Türken verteidigte Zitadelle.

Hans Albers sprengt heran wie der König Drosselbart im deutschen Märchen: Ungebärdig und dreist, und um ihn herum nur Untertanen. Dennoch ist er der „gute König“.

Mit Leo Slezak als Sultan und
Brigitte Horney als Katharina II.

Münchhausen, anläßlich des 25. Jahrestages der Ufa-Gründung gedreht, ist mit 6,6 Millionen Reichsmark der bis dato teuerste Tonfilm Deutschlands. Und Albers hat wieder einmal eine Traumrolle: Er darf sich verkleiden und in einen abenteuerlichen und sogar biographisch verbürgten Helden verwandeln, der in phantastischer Szenerie agiert und natürlich von verschiedenen Frauen geliebt wird. Selbst die Zarin vermag er zu verführen.

Münchhausen
Deutschland 1942/43

Hersteller: Ufa Regie: *Josef von Baky*
Drehbuch: *Berthold Bürger (d. i. Erich Kästner)*
Kamera: *Werner Krien, Konstantin Irmen-Tschet*
Musik: *Georg Haentzschel*
Darsteller: *Hans Albers, Käte Haack, Brigitte Horney, Ferdinand Marian, Hubert von Meyerinck, Armin Schweizer, Leo Slezak u. a.*

Als Münchhausen mit seinem Famulus (Armin Schweizer) auf dem Mond weilt, verändert sich die farbenprächtige Mond-Welt am Ende in eine Winterlandschaft. Johanns Haare ergrauen: „Entweder ist ihre Uhr kaputt, Herr Baron, oder ...", wendet sich dieser an seinen Herrn. Münchhausen darauf: „Oder? - Oder die Zeit ist kaputt. - Die Zeit ist kaputt, Johann." Sätze, die das Kinopublikum, einen Monat nach der verlorenen Schlacht bei Stalingrad, zu deuten versteht.

Zudem hat sich herumgesprochen, daß sich hinter dem als Drehbuchautor angegebenen Berthold Bürger der Schriftsteller Erich Kästner verbirgt, dessen „Emil und die Detektive" jeder kennt und dem seiner politischen Haltung wegen eigentlich Arbeitsverbot erteilt wurde. Allein seine Mitwirkung läßt Subversives ahnen.

Hans Albers daheim in Garatshausen am Starnberger See.
Er ist der Star der Stars und kann jede Gage fordern, die er will.
Frei ist er dennoch nicht.

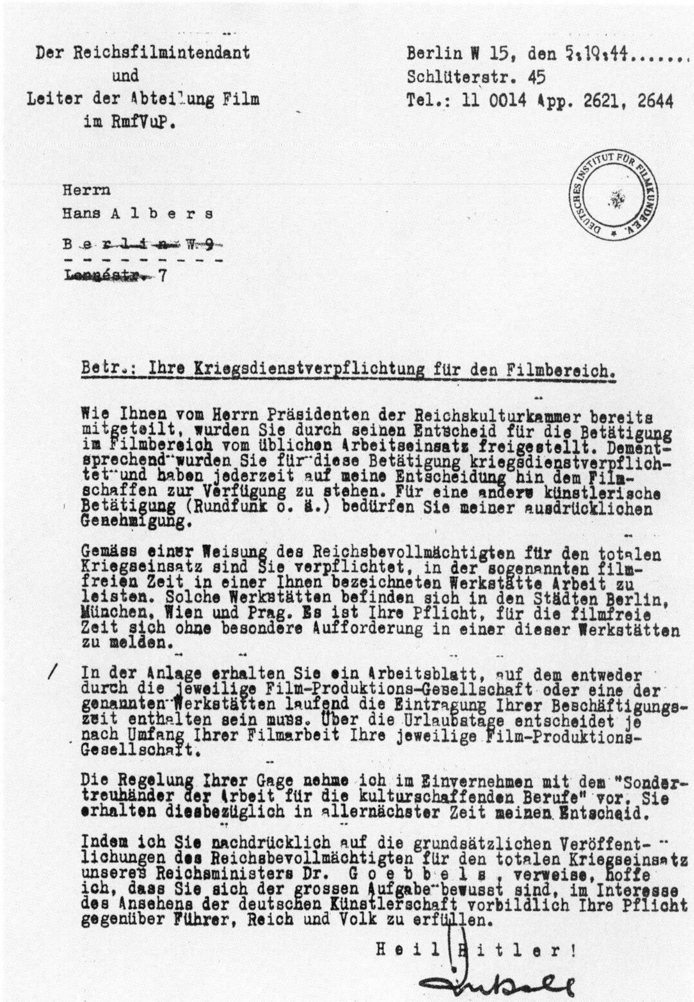
Der Reichsfilmintendant
und
Leiter der Abteilung Film
im RmfVuP.

Berlin W 15, den 5.10.44......
Schlüterstr. 45
Tel.: 11 0014 App. 2621, 2644

Herrn
Hans A l b e r s
B e r l i n W 9
Lennéstr. 7

Betr.: Ihre Kriegsdienstverpflichtung für den Filmbereich.

Wie Ihnen vom Herrn Präsidenten der Reichskulturkammer bereits mitgeteilt, wurden Sie durch seinen Entscheid für die Betätigung im Filmbereich vom üblichen Arbeitseinsatz freigestellt. Dementsprechend wurden Sie für diese Betätigung kriegsdienstverpflichtet und haben jederzeit auf meine Entscheidung hin dem Filmschaffen zur Verfügung zu stehen. Für eine andere künstlerische Betätigung (Rundfunk o. ä.) bedürfen Sie meiner ausdrücklichen Genehmigung.

Gemäss einer Weisung des Reichsbevollmächtigten für den totalen Kriegseinsatz sind Sie verpflichtet, in der sogenannten filmfreien Zeit in einer Ihnen bezeichneten Werkstätte Arbeit zu leisten. Solche Werkstätten befinden sich in den Städten Berlin, München, Wien und Prag. Es ist Ihre Pflicht, für die filmfreie Zeit sich ohne besondere Aufforderung in einer dieser Werkstätten zu melden.

In der Anlage erhalten Sie ein Arbeitsblatt, auf dem entweder durch die jeweilige Film-Produktions-Gesellschaft oder eine der genannten Werkstätten laufend die Eintragung Ihrer Beschäftigungszeit enthalten sein muss. Über die Urlaubstage entscheidet je nach Umfang Ihrer Filmarbeit Ihre jeweilige Film-Produktions-Gesellschaft.

Die Regelung Ihrer Gage nehme ich im Einvernehmen mit dem "Sondertreuhänder der Arbeit für die kulturschaffenden Berufe" vor. Sie erhalten diesbezüglich in allernächster Zeit meinen Entscheid.

Indem ich Sie nachdrücklich auf die grundsätzlichen Veröffentlichungen des Reichsbevollmächtigten für den totalen Kriegseinsatz unseres Reichsministers Dr. G o e b b e l s , verweise, hoffe ich, dass Sie sich der grossen Aufgabe bewusst sind, im Interesse des Ansehens der deutschen Künstlerschaft vorbildlich Ihre Pflicht gegenüber Führer, Reich und Volk zu erfüllen.

H e i l H i t l e r !

Schreiben des Reichsfilmintendanten und der Abteilung Film im Reichsministerium für Volksaufklärung und Propaganda vom 5.10.1944 an Hans Albers. Darin wird ihm mitgeteilt, daß er vom üblichen Arbeitseinsatz freigestellt, als Schauspieler jedoch kriegsdienstverpflichtet sei und auf Anordnung hin dem Filmschaffen zur Verfügung zu stehen habe. In filmfreier Zeit solle Albers in einer ihm bezeichneten Werkstätte Arbeit leisten.

Albers kehrt zu Außenaufnahmen im Oktober 1943 für kurze Zeit in seine Heimatstadt zurück. Die letzten Aufnahmen für **Große Freiheit Nr. 7** entstehen unter enormen Schwierigkeiten. Von einem Tag zum anderen existieren Drehorte nicht mehr.

Hamburg, um 1943
Vom 24. Juli bis 3. August 1943 dauern die Bombenangriffe, durch die über 50.000 Menschen ihr Leben verlieren.

Mit Gustav Knuth als Fiete (links) und Günther Lüders als Jens im Atelier

Ab Mai hatte man in der Ufa-Stadt Babelsberg und dann in den Tempelhofer Studios gedreht. Noch bevor die Innenaufnahmen beendet werden konnten, zerstörten Bomben das Filmatelier. Das Team weicht aus in das „ruhige“ Prag.

Hans Albers als ehemaliger Seemann Hannes, Stimmungskanone im Hippodrom, nimmt Gisa (Ilse Werner) bei sich auf. Er verliebt sich in sie, aber ein Jüngerer spannt sie ihm aus. Eine ungewohnte Rolle für den Sieger und Draufgänger. Das deutsche Publikum aber wird seinen Liebling so erst nach dem Kriege erleben. Vorerst kommt es Ende 1944 nur zu einer Aufführung des Films in Prag.

„Mich trägt die Sehnsucht fort in die blaue Ferne
unter mir Meer und über mir Nacht und Sterne.
Vor mir die Welt, so treibt mich der Wind des Lebens,
Wein' nicht mein Kind, die Tränen, die sind vergebens.
Auf, Matrosen - ohé!
Einmal muß es vorbei sein!
Nur Erinn'rung an Stunden der Liebe
bleibt noch an Land zurück.
Seemanns Braut ist die See,
und nur ihr kann er treu sein.
Wenn der Sturmwind sein Lied singt dann winkt mir -
der Großen Freiheit Glück!

(Komponist von „La Paloma": *Sebastian de Yradier*
deutsche Bearbeitung: *Werner Eisbrenner,*
Helmut Käutner)

„Aus dem Helden wird ein Mensch ... In Käutners Film sehen wir, heute gewiß kritischer als damals, einen keuschen Macho, ruppig und zart, bewundert und belächelt, Held und Opfer, daheim und schon wieder weg. Kurz, völlig daneben.
Eine sympathische, weil ehrliche und schon wieder komische Figur, der von Käutner behutsam, aber nachdrücklich die ausdrücklichsten Albers-Manieren ausgetrieben sind."
Dietrich Kuhlbrodt, 1990

Große Freiheit Nr. 7
Deutschland 1944

Hersteller: *Terra* Regie: *Helmut Käutner*
Drehbuch: *Helmut Käutner, Richard Nicolas*
Kamera: *Werner Krien* Musik: *Werner Eisbrenner*
Darsteller: *Hans Albers, Ilse Werner,*
Hans Söhnker, Gustav Knuth, Günther Lüders,
Hilde Hildebrand u. a.

Albers als Kriminalrat Dietrich Dongen und Hilde Hildebrand in **Shiva und die Galgenblume**. Im Frühjahr 1945 stören Bombenangriffe - nun auch in Prag - die Dreharbeiten zur Detektivgeschichte. Die Arbeiten an dem Film, von dem heute nur noch Fragmente existieren, hat wohl keiner richtig ernstgenommen. Man ist froh, der Hölle Deutschland entkommen zu sein. In den Hotels, die von deutschen Künstlern überfüllt sind, lebt es sich einigermaßen angenehm. Von den hohen Gagen kann man illegal Lebensmittel, Zigaretten und Cognac kaufen.

Shiva und die Galgenblume
Deutschland 1945

Hersteller: *Prag-Film* Regie: *Hans Steinhoff*
Drehbuch: *Hans Steinhoff, Hans Rudolf Berndorff n. d. gleichn. Roman v. Hans Rudolf Berndorff*
Kamera: *Carl Hoffmann*
Musik: *Werner Eisbrenner* Darsteller: *Hans Albers, Aribert Wäscher, Paul Wegener, Elisabeth Flickenschildt, Grethe Weiser, Eugen Klöpfer u. a.*

Nachdem der Nazi-Getreue Hans Steinhoff aus Prag geflohen ist, werden die Dreharbeiten endgültig abgebrochen. Hans Albers reist unbeschadet nach Garatshausen, ins amerikanisch besetzte Bayern, um das Ende des Krieges abzuwarten.

„Endlich ist er da ...“ kann man auf dem Schild des Lautsprecherwagens lesen, der die Münchener Premiere von **Große Freiheit Nr. 7** ankündigt.

Der Film war bereits im September 1945 im Berliner Westsektor gezeigt worden, im März 1946 lief er in den Ost-Berliner Kinos an. Hans Albers wieder als Sieger. Er ist es, der als erster deutscher Star nach dem Krieg auf der Leinwand zu sehen ist.

Hans Albers bleibt Hans Albers 1946 - 1949

Berlin, Spandauer Straße
mit Rathausturm, 1946

Am 25.4.1946 steht Hans Albers wieder als „Liliom" im Berliner Hebbel-Theater auf der Bühne. Und wie zu Beginn der 30er Jahre führt Karl Heinz Martin Regie. Alles scheint wieder in Ordnung: der „Spuk", als solchen möchten viele Deutsche die Nazi-Diktatur möglichst schnell abtun, ist vorbei - und: „Berlin hat seinen Hanne wieder". Kritiker und Publikum sind begeistert. Das Verbot des „Liliom" während der vergangenen zwölf Jahre wertet das Stück auf. Auch wird Albers' Liliom „jetzt als Exponent der Hoffnung verstanden, als eine Figur, die sich trotz aller Widrigkeiten nicht unterkriegen läßt." *(Michaela Krützen)*

„Er [Hans Albers] tritt ins Publikum. Und mit dem ersten Griff hatte er uns. Jubel, Trubel auf der ganzen Linie ... Wenn er seinem herrlichen, gottvergessenen Mundwerk freien Lauf läßt und ihm die Zunge unter der Nase durchgeht, jauchzt das genießende Parkett ... Ich habe mich - gebe ich offen zu - amüsiert wie Bolle, um im Jargon zu bleiben.
Ich habe gelacht. Und ein paar Mal, auch das gebe ich zu, drang mir die Feuchtigkeit unter die Brille.
Das ist blankes Theater."
Friedrich Luft, 1946

Vergeblich versucht Hansi Burg in London eine Ausreisegenehmigung für Deutschland zu erhalten. Auf Umwegen und mit Hilfe von Freunden gelingt es ihr, den Chefredakteur einer Londoner Zeitung zu überzeugen, sie als Korrespondentin nach Deutschland zu schicken. Kriegsberichterstatter aber sind zu damaliger Zeit Angehörige des Militärs: Und so kehrt Hansi Burg in Uniform und im Range eines Captains heim nach Deutschland zu ihrem Hans.

Hans Albers und Hansi Burg (im Vordergrund links) während der Max Reinhardt-Ehrung im Deutschen Theater am 16. Juni 1946; hinter Hans Albers ist Paul Wegener zu erkennen.
Wochenschauaufnahme

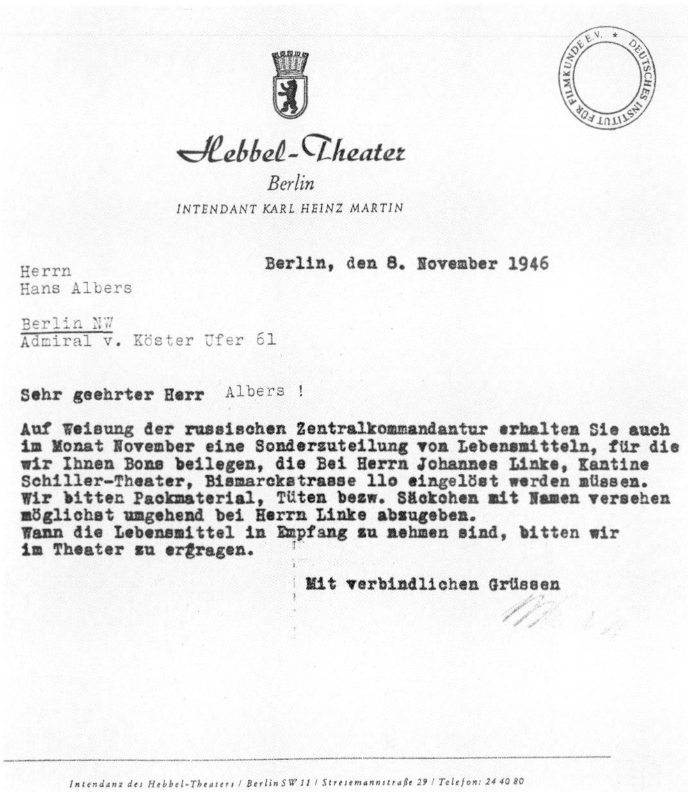

Hebbel-Theater
Berlin
INTENDANT KARL HEINZ MARTIN

Herrn
Hans Albers

Berlin NW
Admiral v. Köster Ufer 61

Berlin, den 8. November 1946

Sehr geehrter Herr Albers !

Auf Weisung der russischen Zentralkommandantur erhalten Sie auch im Monat November eine Sonderzuteilung von Lebensmitteln, für die wir Ihnen Bons beilegen, die Bei Herrn Johannes Linke, Kantine Schiller-Theater, Bismarckstrasse 110 eingelöst werden müssen.
Wir bitten Packmaterial, Tüten bezw. Säckchen mit Namen versehen möglichst umgehend bei Herrn Linke abzugeben.
Wann die Lebensmittel in Empfang zu nehmen sind, bitten wir im Theater zu erfragen.

Mit verbindlichen Grüssen

Intendanz des Hebbel-Theaters / Berlin SW 11 / Stresemannstraße 29 / Telefon: 24 40 80

Schreiben von Karl Heinz Martin, der nun auch Intendant des Hebbel-Theaters ist, am 8.11.1946 an Hans Albers, die Vergabe von Lebensmitteln betreffend. Satt essen kann man sich sonst nur im Berliner Künstlerklub „Die Möwe", der auf Initiative sowjetischer Kulturoffiziere gegründet wurde. Auch Hans Albers und Hansi Burg sind häufig unter den Gästen zu finden.

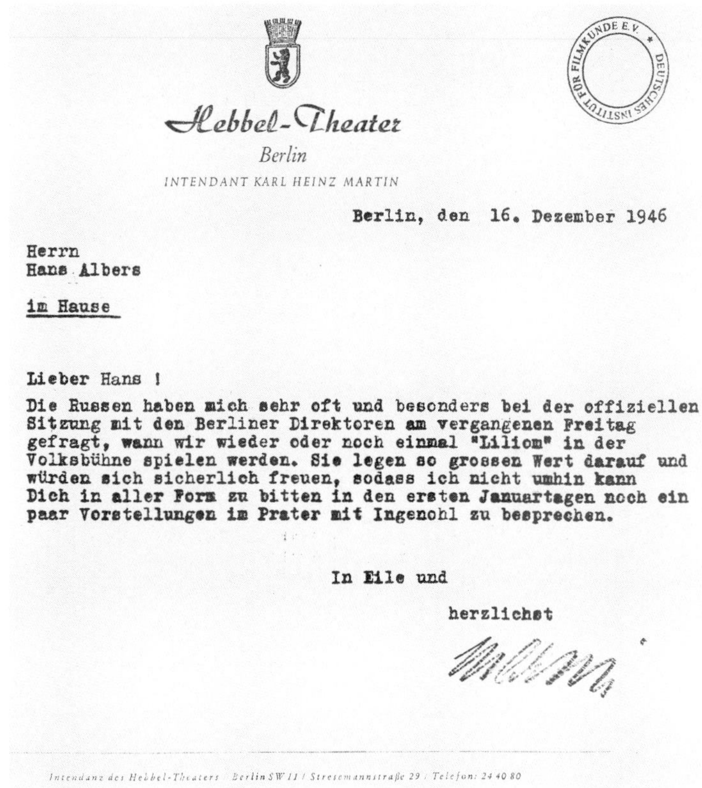

Hebbel-Theater
Berlin
INTENDANT KARL HEINZ MARTIN

Berlin, den 16. Dezember 1946

Herrn
Hans Albers

im Hause

Lieber Hans !
Die Russen haben mich sehr oft und besonders bei der offiziellen Sitzung mit den Berliner Direktoren am vergangenen Freitag gefragt, wann wir wieder oder noch einmal "Liliom" in der Volksbühne spielen werden. Sie legen so grossen Wert darauf und würden sich sicherlich freuen, sodass ich nicht umhin kann Dich in aller Form zu bitten in den ersten Januartagen noch ein paar Vorstellungen im Prater mit Ingenohl zu besprechen.

In Eile und

herzlichst

Intendanz des Hebbel-Theaters / Berlin SW 11 / Stresemannstraße 29 / Telefon: 24 40 80

Schreiben von Karl Heinz Martin an Albers im Dezember 1946, in dem er den von der sowjetischen Kulturabteilung an ihn herangetragenen Wunsch, „Liliom" im sowjetischen Sektor aufzuführen, an Hans Albers weiterleitet. Vor allem in der Sowjetischen Besatzungszone forciert man den Kulturbetrieb. Die ersten Nachkriegsfilme werden bei der DEFA produziert und kommen Ende 1946 in die Kinos: **Die Mörder sind unter uns**, Regie: Wolfgang Staudte, und **Irgendwo in Berlin** unter der Regie von Gerhard Lamprecht, mit dem Hans Albers zwei Filme gedreht hatte.

In der Garderobe: Besuch eines britischen Korrespondenten
in Uniform

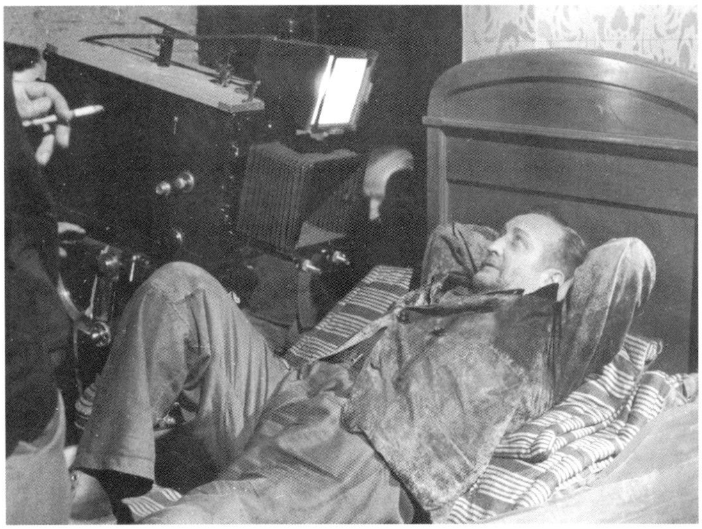

Hans Albers während der Dreharbeiten zu **Und über uns der Himmel**, dem ersten in der amerikanischen Zone gedrehten Film. Er gibt als Hans Richter einen Heimkehrer, der die Ärmel hochkrempelt und auch angesichts von Trümmern und allgegenwärtiger Schieberbanden seinen Optimismus behält.

> *„Es weht der Wind von Norden,*
> *er weht uns hin und her.*
> *Was ist aus uns geworden?*
> *Ein Häufchen Sand am Meer.*
> *Der Sturm jagt das Sandkorn weiter,*
> *dem unser Leben gleicht,*
> *er fegt uns von der Leiter,*
> *wir sind wie Staub so leicht.*
> *Was soll nun aus uns werden?*
> *Es muß doch weitergeh'n,*
> *noch bleibt ja Hoffnung für uns genug besteh'n.*
> *Wir fangen alle von vorne an,*
> *weil dieses Dasein auch schön sein kann."*

Und über uns der Himmel
Deutschland 1947

Hersteller: *Objectiv-Film* Regie: *Josef von Baky*
Drehbuch: *Gerhard Grindel* Kamera: *Werner Krien*
Musik: *Theo Mackeben* Darsteller: *Hans Albers, Paul Edwin Roth, Ralph Lothar, Herbert Staskiewicz, Ludwig Linkmann, Otto Gebühr u. a.*

Hans Albers' Besetzung ist bei der amerikanischen Militärregierung umstritten, aber die Rückkehr Hansi Burgs und Aussagen von Freunden und Kollegen, die aus der Emigration kommen, bescheinigen ihm Aufrichtigkeit sowie Renitenz gegen die Nazis. Außerdem ist man auf erfahrene Leute angewiesen, wenn man erfolgreiche Filme produzieren will.

Und wieder ein „Großfilm" mit Hans Albers; Ankündigung an der Neuen Scala Berlin anläßlich der Premiere am 9.12.1947.

1949 spielt Hans Albers an den Münchener Kammerspielen unter der Regie von Harry Buckwitz den Mackie Messer in der **Dreigroschenoper** von Bert Brecht und Kurt Weill. Danach kehrt er nur noch einmal, wenige Jahre vor seinem Tode, zur Bühne zurück.

Hans Albers in **Föhn** als Dr. Johannes Jensen, der als erfahrener Bergsteiger ein junges Paar aus Bergnot rettet und dabei den Tod findet. Der Film ist ein Remake des Arnold Fanck-Films **Die weiße Hölle vom Piz Palü** 1929. Der Star ist beinahe 60; auch die folgenden Angebote machen es ihm nicht leicht, seinen Platz zu behaupten. Liselotte Pulver ist in **Föhn** als Maria erstmals auf der Leinwand zu sehen.

Föhn
BRD 1950

Hersteller: *Rolf-Hansen-Film*
Regie: *Rolf Hansen*
Drehbuch: *Erna Fentsch n. e. Filmnovelle v. Arnold Fanck*
Kamera: *Richard Angst, Wolfgang Müller-Sehn*
Musik: *Mark Lothar*
Darsteller: *Hans Albers, Antje Weisgerber, Heinrich Gretler, Liselotte Pulver, Adrian Hoven, Ellen Widmann u. a.*

Mit Willy Birgel, als Dr. Fingal,
in **Vom Teufel gejagt**

Nahtloser Übergang der alten in die neue Zeit: Nach Josef von Baky, Rolf Hansen führt der ebenfalls aus den 30er Jahren bekannte Viktor Tourjansky Regie bei Albers' viertem Nachkriegsfilm. Hans Albers ist als Nervenarzt Dr. Blank vom Schicksal gezeichnet wie Dr. Jensen in **Föhn**. Seine Selbstversuche führen zur Schizophrenie, durch die er schließlich zum Mörder wird. Daraufhin nimmt er sich das Leben. **Vom Teufel gejagt** ist kein Publikumserfolg: man erwartet Hans den Sieger und Draufgänger und wird enttäuscht.

Lil Dagover in der Rolle
der Frau Dakar
in **Vom Teufel gejagt**

Vom Teufel gejagt
BRD 1950

Hersteller: *Georg-Witt-Film*
Regie: *Viktor Tourjansky*
Drehbuch: *Emil Burri, Viktor Tourjansky*
Kamera: *Franz Koch, Josef Illig*
Musik: *Franz Grothe*
Darsteller: *Hans Albers, Willy Birgel, Lil Dagover, Otto Wernicke, Alexander Golling, Heidemarie Hatheyer u. a.*

Fritz Kortner, der, man erinnert sich, mit Hans Albers in **Rivalen** auf der Bühne gestanden und turbulente und teils handfeste Auseinandersetzungen mit ihm ausgetragen hatte, kehrt aus der Emigration zurück.

„Die Kunde vom widerstandskräftigen Verhalten meines Todfreundes Albers, den ich in Tutzing besuchte, war bis nach Hollywood gedrungen."
Fritz Kortner, 1959

Versöhnt: Fritz Kortner als Haushofmeister mit Hans Albers als Blaubart im gleichnamigen Film

In der französischen Fassung übernimmt Pierre Brasseur die Rolle von Hans Albers, während Cécile Aubry (hier mit Albers) in beiden Versionen zu sehen ist.

Blaubart
BRD/Frk./Swz. 1951

Hersteller: *Ala-Film/Alcina/Union Film*
Regie: *Christian-Jaque*
Drehbuch: Deutsche Version: *Hans J. Rehfisch, Erich Kröhnke, Borris Borresholm*
Kamera: *Christian Matras*
Musik: *Werner Eisbrenner, Gérard Calvi*
Darsteller der deutschen Version: *Hans Albers, Cécile Aubry, Fritz Kortner, Lina Carstens, Arno Paulsen u.a.*

Mit einer Kostümrolle hofft Hans Albers an frühere Erfolge seiner großen, märchenhaften Ausstattungsfilme anzuknüpfen. Aber in der Verkleidung ist er kaum zu erkennen. Und Blaubart ist eher blutrünstig als sympathisch.

Dreharbeiten für **Nachts auf den Straßen**, in dem Hans Albers mit dem ersten deutschen Nachkriegsstar, Hildegard Knef, gemeinsam vor der Kamera steht

MAN
M·A·N
DIESEL

Hinter dieser Produktion steht einer der ganz großen deutschen Produzenten und Filmpioniere: Erich Pommer. Nach Jahren des Exils als von den Amerikanern beauftragter Filmoffizier nach Deutschland gekommen, prophezeit er seinem ersten Nachkriegsfilm Erfolg. Und er behält recht. Hans Albers ist der bewunderte Volksschauspieler. Das Publikum ist von der Alltagsgeschichte um einen Fernlastfahrer (Hans Albers) begeistert. Charmant - aber fest - widersteht er der verführerischen Mitfahrerin Inge Hoffmann (Hildegard Knef) und kehrt zu seinen Familienverpflichtungen zurück.

„Sie hat so was“, äußert der Liebling aller Frauen, „was auch 'nen alten Jahrgang ganz schwummrig macht.“
Hildegard Knef beschreibt in ihrem ersten Buch, „Der geschenkte Gaul“, wie sie Albers aufsucht, um ihn zu bitten, ohne Pause zu drehen, da sie sonst ihren Vertrag mit Hollywood nicht einhalten könne: „'Komm rin, Kleene!' Er stand im Unterhemd, bügelfaltenlose Hose, Pantoffeln und Lastwagenfahrermütze, rührte mit einem Finger im Sektglas. 'Wat kann Hänschen für dich tun?'“ - Tatsächlich wurde Tag und Nacht gedreht, denn Albers entschied: „Du hast es vor dir, ich hab's bald hinter mir.“

Nachts auf den Straßen
BRD 1951

Hersteller: *Neue Deutsche Filmgesellschaft/ Intercontinental-Film* Regie: *Rudolf Jugert*
Drehbuch: *Helmut Käutner, Fritz Rotter*
Kamera: *Václav Vich* Musik: *Werner Eisbrenner*
Darsteller: *Hans Albers, Lucie Mannheim, Karin Andersen, Martin Urtel, Heinrich Gretler, Hildegard Knef u. a.*

Käpt'n Bay-Bay: Hans Albers

„Hans Albers war eins meiner größten Vorbilder ...
Hans guckte nach oben und kriegte deshalb das berühmte Sahneauge, diesen unkopierbaren Geilblick..."
Udo Lindenberg

Käpt'n Bay-Bay
BRD 1952

Hersteller: *Meteor-Film*
Regie: *Helmut Käutner*
Drehbuch: *Heinz Pauck, Per Schwenzen, Helmut Käutner n. d. gleichn. Bühnenstück v. Iwa Wanja, Fritz Grasshoff, Norbert Schultze*
Kamera: *Friedl Behn-Grund*
Musik: *Norbert Schultze,*
Liedertexte: *Fritz Grasshoff*
Darsteller: *Hans Albers, Bum Krüger, Lotte Koch, Renate Mannhardt, Angéle Durand u. a.*

Jonny rettet Nebrador:
Hans Albers wieder einmal in einer Doppelrolle, als warmherziger Vagabund Jonny und als hartherziger General Oronta

„Da kann man sagen, was man will: Hanne Albers bleibt ein Unikum ... Sein Geheimnis ist, daß er aus dem guten, alten Kintopp eine volle Portion Schmiß und Wuppdich und Unbedenklichkeit in die gehobene und entleerte Epoche des Films der Gegenwart herübergerettet hat."
Friedrich Luft, 1953

Dreharbeiten zu **Jonny rettet Nebrador**; neben Hans Albers der Regisseur Rudolf Jugert

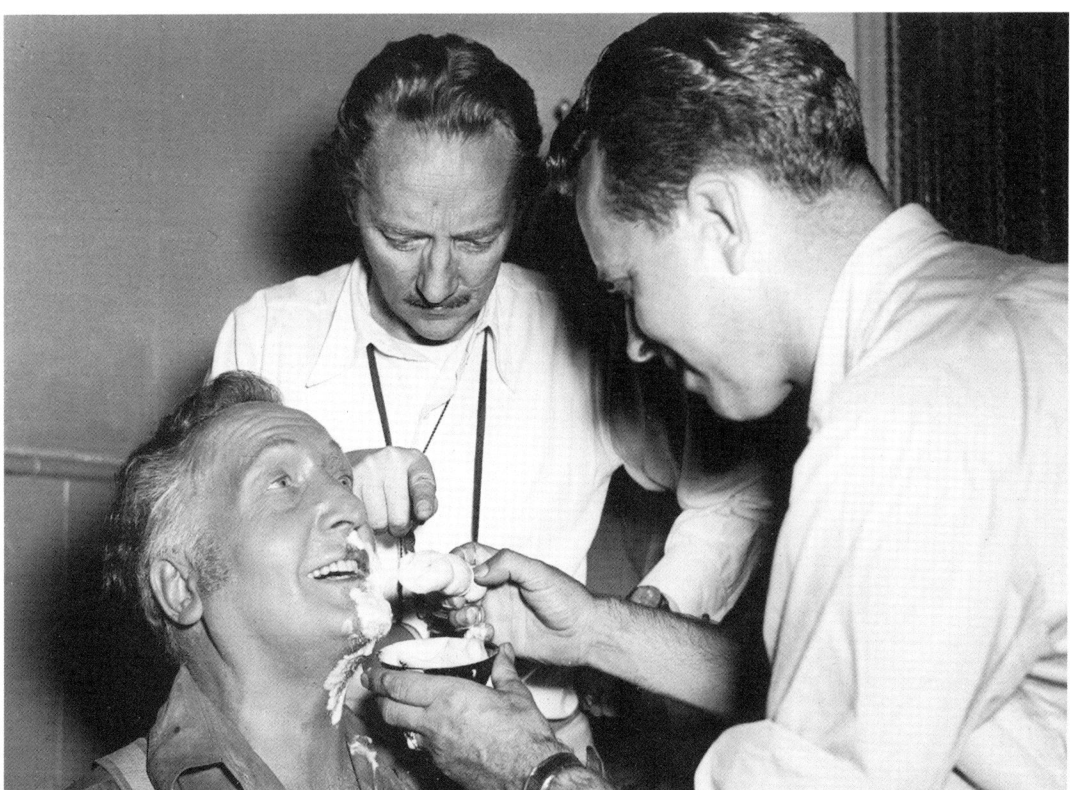

Hans Albers strahlt seinen langjährigen, ihm vertrauten Maskenbildner Hans Dublies an, den er wie seinen Sohn behandelt.

„Anfang Januar '31 bei den Proben zu 'Liliom' lernten wir uns kennen. Kurz nach der Premiere begannen die Dreharbeiten für den Ufa-Film 'Bomben auf Monte Carlo'. Ich durfte den Spiegel halten, weiter nichts."
Hans Dublies

Mit Peter Pasetti als Oberleutnant Dacano

Jonny rettet Nebrador
BRD 1953

Hersteller: *Meteor-Film*
Regie: *Rudolf Jugert*
Drehbuch: *Werner Jörg Lüddecke*
n. d. Roman „Manuel erkennt seine Macht"
v. Karl Lerbs
Kamera: *Hans Schneeberger*
Musik: *Werner Eisbrenner*
Liedertexte: *Willi Dehmel*
Darsteller: *Hans Albers,*
Margot Hielscher, Peter Pasetti,
Ferdinand Anton, Trude Hesterberg,
Linda Hardt u. a.

Mit Franz Muxeneder als Pacco

Mit Margot Hielscher als Marina

Mit Walter Giller in **An jedem Finger zehn**, 1957, Regie: *Erik Ode*.
In dem musikalischen Unterhaltungsfilm tritt Hans Albers neben anderen Gesangs-, Tanz- und Musikstars auf.

Hans Albers ist überall da zu finden, wo etwas los ist.

Nach der Premiere von **Jonny rettet Nebrador**, am Abend des Münchener Sechstage-rennens, fährt er eine Ehrenrunde. Noch ahnt niemand, daß die Lungenentzündung, die er sich hier zuzieht, seiner Gesundheit auf Dauer schaden wird.

Wo Hans, der Sieger mit dem goldenen Herzen, auch immer auftaucht: er ist Hahn im Korbe

„Kerle wie er sind ein Gottesgeschenk, weil sich an sie ein Wunschbild populär und innig heften kann. Er hat uns immer wieder vorgespielt, was man selbst so gerne wäre: erfolgreich, überlegen, kräftig, unverfroren, bei den Weibern ein König, den Armen, den Unterdrückten und Redlichen ein prima Kumpel, den Bösen und Schofelgestalten ein rächendes Gewitter ... Er spricht wirklich die Sprache des Volkes, deshalb liebt ihn das Volk, deshalb ist er einer der wenigen Volksschauspieler, die wir besitzen ..."
Friedrich Luft, 1957

Hansi Burg und Hans Albers bei einer Premierenfeier, um 1955

Bei den Dreharbeiten zu **Auf der Reeperbahn nachts um halb eins**. Neben Albers der Kameramann Kurt Schulz.

Nach 17 Jahren stehen die deutschen Publikumslieblinge Hans Albers und Heinz Rühmann noch einmal gemeinsam vor der Kamera. Albers setzt durch, daß sein Name vor dem seines Kollegen und Konkurrenten erscheint, denn der „kleine" Rühmann ist in den 50er Jahren zum Publikumsliebling Nr. 1 avanciert.

Nach der Premiere

„Er war ein Naturereignis. Als Mensch wie als Schauspieler.
Schwer, bei ihm die Grenze zwischen beidem zu ziehen.
Mit ihm habe ich unzählige heitere Dinge erlebt, die nur aus seiner einmaligen Position am Theater und im Film zu verstehen sind."
Heinz Rühmann

„Auf der Reeperbahn nachts um halb eins,
ob du 'n Mädel hast oder hast kein's,
amüsierst du dich,
denn das findet sich
auf der Reeperbahn nachts um halb eins."

Auf der Reeperbahn nachts um halb eins
BRD 1954

Hersteller: *Berolina-Film* Regie: *Wolfgang Liebeneiner*
Drehbuch: *Gustav Kampendonk, Curt J. Braun*
Kamera: *Kurt Schulz* Musik: *Herbert Trantow*
Darsteller: *Hans Albers, Heinz Rühmann, Fita Benkhoff, Helga Franck, Gustav Knuth u. a.*

Menke
E
HOTEL
TANZ

Romy Schneider, erst seit zwei Jahren im Filmgeschäft, aber noch vor ihrem „Sissi-Ruhm“, erscheint bereits gemeinsam mit Hans Albers auf dem Titelblatt des Programmheftes zu **Der letzte Mann**.

Mit Friedrich Wilhelm Murnaus gleichnamigem Stummfilm hat das Remake kaum etwas zu tun. Albers als Oberkellner Karl Knesebeck und Tausendsassa wird nach kurzer Station als Toilettenmann Direktor des Hotels. In einigen Szenen jedoch holt Albers etwas aus der Rolle, „was eigentlich nicht drin ist".

Der letzte Mann
BRD 1955

Hersteller: *Neue Deutsche Filmgesellschaft*
Regie: *Harald Braun* Drehbuch: *Georg Hurdalek, Herbert Witt* Kamera: *Richard Angst*
Musik: *Werner Eisbrenner* Darsteller: *Hans Albers, Romy Schneider, Rudolf Forster, Joachim Fuchsberger, Michael Heltau, Camilla Spira u. a.*

Letzter Triumph 1956

Konzentration auf die nächste Szene der Verfilmung von Gerhart Hauptmanns Bühnenstück **Vor Sonnenuntergang**; Hansi Burg kontrolliert anhand des Manuskripts den Text

Vor Sonnenuntergang
BRD 1956

Hersteller: *CCC-Film* Regie: *Gottfried Reinhardt* Drehbuch: *Jochen Huth n. d. gleichn. Bühnenstück v. Gerhart Hauptmann* Kamera: *Kurt Hasse* Musik: *Werner Eisbrenner* Darsteller: *Hans Albers, Annemarie Düringer, Martin Held, Hannelore Schroth, Claus Biederstaedt, Maria Becker u. a.*

Claus Biederstaedt
als Sohn Egert, Hans Albers
in der Rolle des Vaters und
Generaldirektors Mathias Clausen

Mit Annemarie Düringer als
Inken Peters

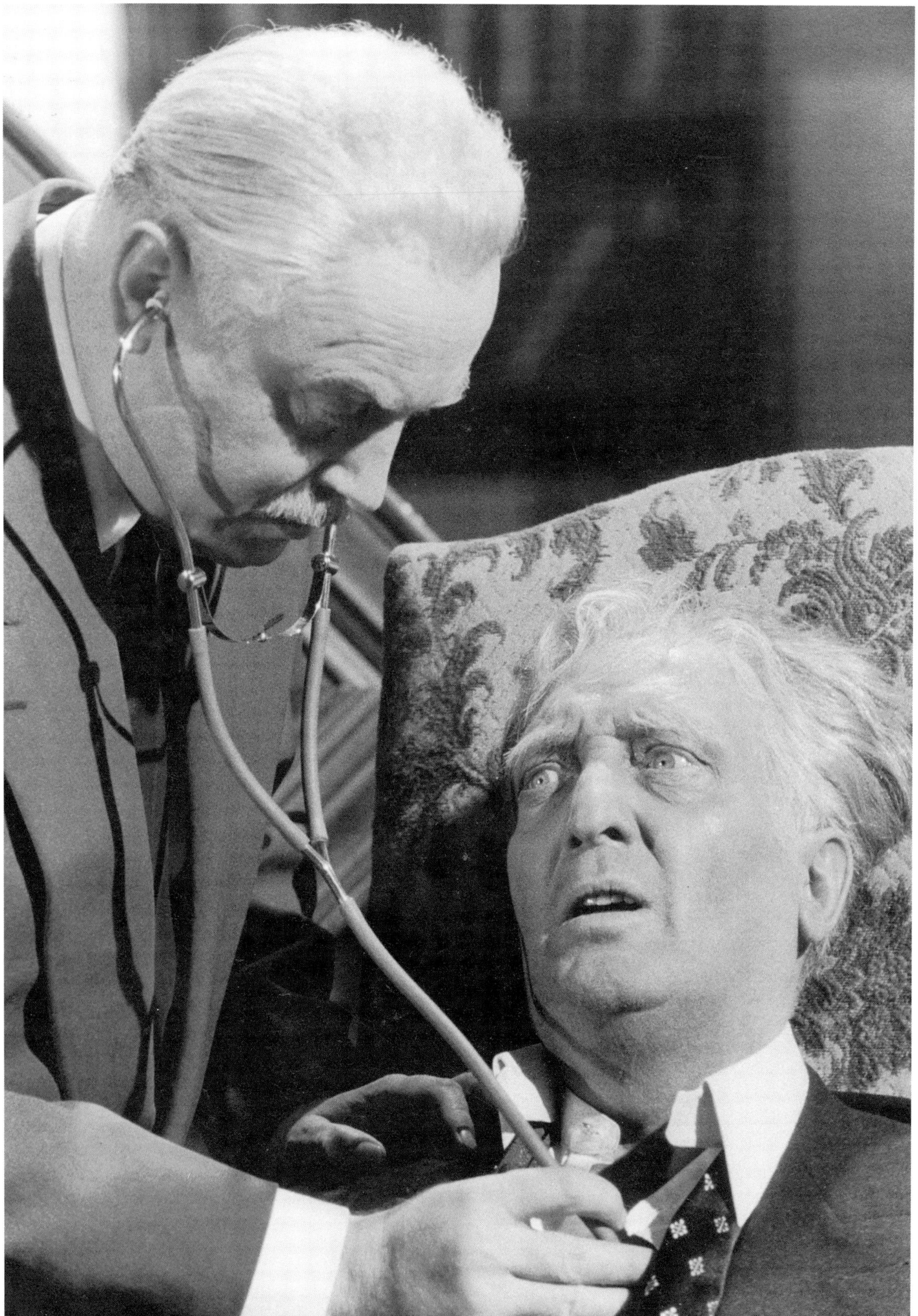

Hans Nielsen als
Sanitätsrat Dr. Steynitz

„Albers bat mich nun des öfteren vor Drehbeginn und in Pausen, mit ihm die Rolle durchzugehen. (...) Meist bat er mich zum 'Lernen' in seine Garderobe - 'ick kann doch so schlecht mit 'ner Pulle über'n Flur laufen' (...) Ich erinnere mich, daß er vor der größten und schwierigsten Familienszene (...) fast eine Flasche Alkohol zu sich nahm. Wir alle glaubten ohnehin, daß wir gerade für diese Einstellung Tage brauchen würden. Aber, was soll ich Ihnen sagen? - Wir gingen gemeinsam ins Studio, probten einmal durch, drehten - und Gottfried Reinhardt sprach sein 'gestorben'."
Martin Held

Der Star liebt das Bad in der Menge. Er macht keinen Unterschied - ob Bühnenarbeiter, Beleuchter, Kameramann: ein Gläschen nach beendeter Arbeit in allen Ehren.

Ankunft am Berliner Flughafen

„Er [Albers] genoß jede Art von Verehrung mit Wonne und machte aus seinem Herzen keine Mördergrube."
Artur Brauner

Auf die Frage, ob ihm die vielen Autogrammjäger nicht lästig seien, hatte Albers einmal geantwortet: „Immer daran denken, jedes Autogramm ist eine Kinokarte!"

Vor Sonnenuntergang erhält auf den VI. Berliner Filmfestspielen 1956 den „Goldenen Bären“ des Publikums. Hollywood zeichnet den Film mit dem „Golden Globe“ aus.

Mit dem Produzenten Artur Brauner, der Hans Albers eine Kiste Zigarren überreicht. „Herzlichst Ihr Artur Brauner“ ist auf dem Deckel eingraviert.

Gottfried Reinhardt (links) und Hubert von Meyerinck,
mit dem Albers oft gearbeitet hat, nach der Premiere von
Vor Sonnenuntergang

Auch die Witwe Gerhart Hauptmanns stößt mit Hans Albers
auf den Erfolg an

Dem Chansonier Maurice Chevalier, ein Grandseigneur wie Albers, fühlt sich vor allem der Sänger Albers nahe

Mit Johannes Heesters und Marianne Koch während der Premierenfeier

In Cannes während
der Internationalen
Filmfestspiele

Hansi Burg am Steuer des Cadillac

Ruhe und Erholung sucht und findet Albers, wie immer, in Garatshausen.

Mit der Haushälterin

In St. Moritz treffen Albers und Hansi Burg oft Freunde.
In ausgelassener Stimmung: Henny Porten

Hansi Burg und Hans Albers daheim, um 1955

Hansi Burg, um 1955

Nach fast zehnjähriger Pause spielt Albers noch einmal Theater: den Zirkusdirektor Karl Knie in Carl Zuckmayers **Katharina Knie** (Theater am Gärtnerplatz, München, Regie: *Erich Fritz Brücklmeyer;* Raimund Theater, Wien, Regie: *Alfred Walter, Hans Albers)*

Die Rolle des Karl Knie ist für Albers Ende der 50er Jahre eine lohnende Aufgabe. Im Film haben inzwischen Jüngere die Hauptrollen besetzt.

„So ein bißchen Durchschnitt“, sagte Hansi Burg einmal, „hat ihn nicht umgeworfen ..., er war zufrieden, daß er arbeiten konnte, denn allzuviel Freizeit machte ihn wild.“

Albers ist fast siebzig, doch er meistert die artistischen Einlagen wie eh und je.

Der Kreis schließt sich: Mit dem Komponisten Mischa Spolianski, der für **Katharina Knie**, aber auch für **Zwei Krawatten**, die Musik schrieb.

Einmal gewonnene Freunde halten dem Mann mit dem goldenen Herzen die Treue: Hildegard Knef gratuliert hinter der Bühne.

Hamburg, St. Pauli; Mitte der 50er Jahre

Nach **Die Verlobten des Todes** 1956, Regie: *Romolo Marcellini*, kommt **Der tolle Bomberg** (Seite 155) ins Kino. Ein zweiter **Münchhausen**, wie gehofft, ist der Film nicht, aber dennoch „ein toller Albers“, heißt es in den Kritiken.

Mit Marion Michael als Paula Mühlberg und Harald Juhnke als Dr. Roland

Hans Albers wird in Hamburg von der Schwester (links) und der langjährigen Freundin der Familie empfangen

Der tolle Bomberg
BRD 1957

Hersteller: *Arca-Film* Regie: *Rolf Thiele*
Drehbuch: *Per Schwenzen, Hans Jacoby n. d. gleichn. Roman v. Josef Winckler*
Kamera: *Václav Vich* Musik: *Hans-Martin Majewski*
Darsteller: *Hans Albers, Marion Michael, Harald Juhnke, Paul Henckels, Gert Fröbe, Camilla Spira u. a.*

Obwohl längst in Bayern zu Hause, sehnt sich der „Hamburger Jong“ nach dem vertrauten Geruch der Alster und der Betriebsamkeit des Hafens.

Abgestiegen wird im „Atlantic“, einem der feinsten Hotels der Stadt. So pleite, wie Albers als Käpt'n Jonny Jensen im neuen Reeperbahnfilm **Das Herz von St. Pauli** meint, ist man selbst natürlich nicht.

„Jonny ist pleite, so sagen die Leute, und der hat so gespart.
Als er um Rat mich dann gefragt,
hab' ich nur lächelnd gesagt:
Das letzte Hemd hat leider keine Taschen,
man lebt nur einmal auf der Welt!
Drum laßt uns schnell den kleinen Rest vernaschen,
im Himmel braucht der Mensch bestimmt ja doch kein Geld.“

Mit Gert Fröbe als Jabowski

Das Herz von St. Pauli
BRD 1957

Hersteller: *Real-Film* Regie: *Eugen York*
Drehbuch: *Kurt E. Walter, Eberhard von Wiese n. d. gleichn. Roman v. Eberhard von Wiese*
Kamera: *Ekkehard Kyrath* Musik: *Michael Jary*
Darsteller: *Hans Albers, Hansjörg Felmy, Jürgen Wilke, Carla Hagen, Camilla Spira, Gert Fröbe u. a.*

Peer Schmidt als Harry

Auf Tournee an der Küste
und anderswo

Empfang beim Bürgermeister Max Brauer, links der Produzent Gyula Trebitsch

Händeschütteln mit Axel Springer

Mit Eugen York unterwegs in Hamburg

Die Rolle des Käpt'n Jensen ist ganz nach Albers' Geschmack: unkompliziert, saftig - und zur Quetschkommode Seemannslieder. So mag ihn auch das Publikum.

Erinnerung an die eigene Jugend. Das Publikum spendet dankbar Beifall für **Das gab's nur einmal** 1958, Regie: *Geza von Bolvary*, in dem Hans Albers als Hans Albers in einer Rahmengeschichte Gelegenheit erhält, mit Hilfe von Ausschnitten an beliebte Stumm- und frühe Tonfilme zu erinnern.

Siegfried Lowitz, fast 30 Jahre später Fernsehliebling in der Krimi-Serie **Der Alte**, in der Rolle des Nachfolgers vom „Greifer“, den wie damals Hans Albers spielt und der nun - im Film - in Pension geht. Vor allem mit dem Titel erinnert das Remake an die Glanzzeit des Stars; sonst hat es wenig mit dem alten Film gemein.
Die Geschichte ist ganz und gar auf Albers zugeschnitten, doch man besetzt um ihn herum andere, auch junge Publikumslieblinge, um einen Erfolg zu garantieren.

Agnes Windeck als Frau Schmitz, Mutter des „Greifers“

Der Greifer
BRD 1958

Hersteller: *Kurt-Ulrich-Film*
Regie: *Eugen York* Drehbuch: *Curt J. Braun*
Kamera: *Ekkehard Kyrath*
Musik: *Hans-Martin Majewski*
Darsteller: *Hans Albers, Hansjörg Felmy, Susanne Cramer, Ernst Stankovski, Werner Peters, Mady Rahl u. a.*

Mady Rahl als Toni und Werner Peters als ihr Mann, Gastwirt und ehemaliger Einbrecher Mücke

Hansjörg Felmy in der Rolle von Harry, Sohn des „Greifers“

Ernst Stankovski als Willi Goede

Roland Kaiser, inzwischen erfolgreicher Schlagerstar, und Gina Albert spielen in **Der Mann im Strom** die Kinder des Tauchers. Albers nimmt - wie in all seinen Filmen - den Kampf ums Lebensglück auf. Und auch für die, die es bis kurz vor Filmschluß nicht glauben wollten, ist er am Ende der feine Kerl. Ganz so, wie es sich für einen Albers-Film gehört.

Als Taucher Paul Hinrichs muß Hans Albers sein Geburtsdatum fälschen, damit er in seinem Beruf noch Arbeit bekommt und zeigen kann, wozu er noch fähig ist.

Der Mann im Strom
BRD 1958

Hersteller: *CCC-Film*
Regie: *Eugen York*
Drehbuch: *Jochen Huth n. d. gleichn. Roman v. Siegfried Lenz*
Kamera: *Ekkehard Kyrath*
Musik: *Hans-Martin Majewski*
Darsteller: *Hans Albers, Gina Albert, Helmut Schmid, Jochen Brockmann, Hans Nielsen, Roland Kaiser u. a.*

Albers gibt den heimkehrenden Abenteurer Josef Krapp, der sich schwererziehbarer Kinder annehmen muß und außerdem dreizehn alten, fürs Schlachthaus bestimmten Eseln das Leben rettet.

Den Publikumszuspruch der im letzten Lebensjahrzehnt entstandenen Filme fördern vor allem alte Albers-Titel, die nach und nach wieder - erfolgreich - im Kino laufen: **Sergeant Berry**, **Der Mann, der Sherlock Holmes war**, **Die gelbe Flagge**, **Wasser für Canitoga**, **Münchhausen** u. a.

Dreizehn kleine Esel und der Sonnenhof
BRD 1958

Hersteller: *Real-Film* Regie: *Hans Deppe*
Drehbuch: *Janne Furch n. d. Roman „13 alte Esel" v. Ursula Bruns*
Kamera: *Ekkehard Kyrath* Musik: *Martin Böttcher*
Darsteller: *Hans Albers, Marianne Hoppe, Karin Dor, Gunnar Möller, Günther Lüders, Werner Peters u. a.*

Gustav Knuth, Horst Frank, Peter Kraus und Walter Giller um Hans Albers in der Kriminalkomödie **Kein Engel ist so rein**. Albers gibt einen verkrachten Rechtsanwalt.

Kein Engel ist so rein
BRD 1960

Hersteller: *CCC-Film* Regie: *Wolfgang Becker* Drehbuch: *Eckart Hachfeld* Kamera: *Karl Löb* Musik: *Erwin Kalletz* Darsteller: *Hans Albers, Sabine Sinjen, Peter Kraus, Horst Frank, Gustav Knuth, Ingrid van Bergen u. a.*

Inzwischen selbst Legenden: Sabine Sinjen als Therese und
Peter Kraus als Konrad Stoloff - Magnete für das sich ständig
verjüngende Publikum

Ungefähr ein halbes Jahr vor seinem Tod, Hans Albers erliegt am 24. Juli 1960 einer schweren Grippe, kommt der letzte Albers-Film ins Kino. 1970 überschreibt Hansi Burg, weil sie die hohen Erbschaftssteuern nicht mehr tragen kann, gegen Abfindung und Rente den Besitz am Starnberger See dem bayerischen Staat. Daraufhin entsteht dort eine Versuchs- und Ausbildungsstation für Seefischerei.

Der Abschied

„Hanne! Hör mal, Hanne, die Hansi sagt mir, du hast dich schlafen gelegt. Na bitte, das ist doch ganz natürlich. Wer so viel gearbeitet hat wie du, der wird doch auch mal müde sein dürfen. Außerdem, man muß sich doch ausruhen, wenn man eine so weite Reise vorhat wie du! Eine so weite Reise in die große Freiheit. In die einzige Freiheit vielleicht, die es wirklich gibt. Und da dachte ich, vor so einer Reise, da sollte man noch mal seine Freunde um sich haben. Irre ich mich? Nur so auf einen Schwatz, auf ein Glas, auf ein Lachen, das du ja immer so gern hast. Ich finde, da braucht man gar keine so großen Worte. Da genügt es, wenn man weiß, das bist du und das sind wir, und du und wir, das gehört zusammen und das ist eigentlich eins.

Entschuldige bitte, daß ich mir hier etwas aufgeschrieben habe. Ich sollte das eigentlich nicht benutzen, denn ich habe ein wenig Angst, daß du sagst: na also, der Kollege von der Sommerbühne ist nicht einmal in der Lage, mit mir ein paar Worte zu sprechen, und daß er einen 'Neger' braucht. Na, und dann gäbe es noch einen viel besseren Grund, den du uns selbst beigebracht hast, daß man einfach ohne etwas Aufgeschriebenes mit dir reden sollte. Nämlich, deine Texte waren immer viel besser, wenn sie frei von der Leber weg kamen. Wenn du einfach gesprochen hast, so wie dir ums Herz war und nicht, wie es aufgeschrieben war. Denn deine Texte wurden einfach vom Herzen her gesagt.

Deine Texte. Erinnerst du dich noch im 'Regina', das war, glaub' ich, '43, du hattest das große Eckzimmer, das Zimmer 106, das du immer hattest, das Albers-Zimmer, das schönste Zimmer des Hauses, und dann kamen zwei Herren vom Obersalzberg und fragten dich: - das heißt, sie forderten es mehr - du möchtest ihnen das Zimmer geben, für einen Staatsbesuch. Du sagtest natürlich nein! Und dann sagten sie, aber dieser Staatsbesuch sei doch ein König. Ich sehe noch deine blauen Augen, wie du ihn anblitztest, den armen kleinen Adjutanten, und sagtest: 'Junger Mann, sagen Sie bitte Ihrem Brötchengeber, Herr Hans Albers ist auch ein König!' Das war damals ein Scherz. Aber ich glaube, Hans, irgendwo ist es wahr. Du bist ein König. Ja, auf deine Weise. Dein Zepter ist dein Humor, und deine Krone ist dein goldenes Herz. Und es ist ja nicht alles Talmi, was glänzt.

Wir sind sehr arm dran, wenn du nun auf große Fahrt gehst. Wir können nicht sagen: 'Le Roi est mort - vive le Roi!' Denn so einen König in allen Dingen gibt es nicht so leicht noch einmal. Und darum möcht ich dir vorschlagen - wie ich dich kenne, bist du da sehr mit einverstanden - , daß wir gar nicht erst Abschied nehmen. Denn du bleibst ja bei uns. In uns, mit uns, wie eh und je. Prost dann!

Ja, sag mal, das kann doch wohl nicht wahr sein, das kann doch nicht wahr sein, daß du deine rosa Nelke nicht angesteckt hast. Wir werden uns doch nicht zu guter Letzt noch vorwerfen lassen, daß bei dir irgendwas nicht gestimmt hat. Wenn es auch nur ein ganz kleiner Anschluß ist. Darf ich ... Tschüs, mein Junge. Good bye, Jonny! Moi Wedder end gode Fahrt!"

Helmut Käutner, 1960

Literaturhinweise

Die folgende Bibliographie umfaßt eine Auswahl der benutzten Literatur.
Sämtliche filmographischen Angaben basieren auf der 1977 von Eberhard Spiess verfaßten Hans Albers-Filmographie.

Arnheim, Rudolf: Film als Kunst.
Carl Hanser Verlag, München,1974

Bernauer, Rudolf: Das Theater meines Lebens. Erinnerungen.
Blanvalet, Berlin, 1955

Blumenberg, Hans-Christoph: In meinem Herzen, Schatz ...
Die Lebensreise des Schauspielers und Sängers Hans Albers.
Fischer Taschenbuch Verlag, Frankfurt a.M., 1991

Bock, Hans-Michael / Töteberg, Michael (Hrsg.): Das Ufa Buch.
Zweitausendeins, Frankfurt a. M., 1993

Borgelt, Hans: Die UFA - ein Traum. Hundert Jahre deutscher Film.
Ereignisse und Erlebnisse.
edition q Verlags-GmbH, Berlin, 1993

Brauner, Artur: Mich gibt's nur einmal. Rückblende eines Lebens.
München, 1976

Cadenbach, Hans Joachim: Hans Albers.
Universitas Verlag, Berlin, o. J.

Courtade, Francis / Cadars, Pierre: Geschichte des Films im Dritten Reich.
Carl Hanser Verlag, München, 1975

Diederichs, Helmut H. (Hrsg.): Rudolf Arnheim. Kritiken und Aufsätze zum Film.
Carl Hanser Verlag, München, 1979

Funke, Christoph: Hans Albers.
Henschelverlag, Berlin, 1969

Hager, Margarete / Kersting, Herbert / Kreth, Kirsten / Lenz, Barbara / Rogge, Friedrich Wilhelm: Sonderdokumentation:
Jedermanns blonder Hans. Zum hundertsten Geburtstag von Hans Albers.
Südwestfunk, Baden Baden, 1990

Heise, Hans: Komm auf die Schaukel, Luise!
Erzählt von seiner Lebensgefährtin Hansi Burg. In: „Spiegel der Frau", Heft 24 - 37
Verlag Ehrlich & Sohn KG, Lübeck, 1966

Ihering, Herbert: Der Kampf ums Theater und andere Streitschriften 1918 - 1933
Henschelverlag, Berlin, 1974

Ihering, Herbert: Theater in Aktion. Kritiken aus drei Jahrzehnten 1913 - 1933.
Henschelverlag, Berlin, 1986

Kafka, Hans: Hans Albers. Das Märchen einer Karriere.
Ralph A. Höger-Verlag, Wien Berlin Leipzig, 1931

Knef, Hildegard: Der geschenkte Gaul. Bericht aus einem Leben.
Fritz Molden Verlag, Wien München Zürich, 1970

Koebner, Thomas (Hrsg.): Idole des deutschen Films.
Eine Galerie von Schlüsselfiguren.
Verlag edition text + kritik GmbH, München, 1997

Kortner, Fritz: Aller Tage Abend.
Kindler Verlag GmbH, München, 1959

Kracauer, Siegfried: Von Caligari zu Hitler.
Suhrkamp Verlag, Frankfurt a.M., 1984

Kreimeier, Klaus: Die Ufa-Story: Geschichte eines Filmkonzerns.
Carl Hanser Verlag, München, 1992

Krützen, Michaela: Hans Albers. Eine deutsche Karriere.
Beltz Quadriga Verlag, Weinheim Berlin, 1995

Leiser, Erwin: „Deutschland, erwache!".
Propaganda im Film des Dritten Reiches.
Rowohlt Verlag, Reinbek b.Hamburg, 1978

Liebe, Ulrich: Verehrt Verfolgt Vergessen. Schauspieler als Nazi-Opfer.
Beltz Quadriga Verlag, Weinheim Berlin, 1992

Luft, Friedrich: Kerle wie er sind ein Geschenk.
In: „Die Welt", Hamburg, 21.9.1957

Luft, Friedrich: Hans Albers. 22. September 1891 - 24. Juli 1960.
In: „Die Welt", Hamburg, 31.12.1960

Paglia, Camille: Die Masken der Sexualität.
dtv, München, 1995

Pleyer, Peter: Deutscher Nachkriegsfilm 1946 - 1949.
C. J. Fahle Verlag, Münster (Westf.), 1965

Prinzler, Hans Helmut (Hrsg.): Das Jahr 1945.
Filme aus fünfzehn Ländern.
Stiftung Deutsche Kinemathek, Berlin, 1990

Riess, Curt: Das gab's nur einmal.
Verlag der Sternbücher, Hamburg, 1958

Schebera, Jürgen: Damals in Neubabelsberg ...
Studios, Stars und Kinopaläste im Berlin der zwanziger Jahre.
Edition Leipzig, Leipzig, 1990

Schumann, Uwe-Jens: Hans Albers. Seine Filme - sein Leben.
Wilhelm Heyne Verlag, München, 1980

Seydel, Renate (Hrsg.): Aller Anfang ist schwer.
Schauspieler erzählen über ihre ersten Filme.
Henschelverlag, Berlin, 1988

Spiess, Eberhard: Hans Albers. Eine Filmographie.
Kommunales Kino, Frankfurt a. M., 1977

Toeplitz, Jerzy: Geschichte des Films.
Henschelverlag, Berlin, 1992

Tötter, Otto: Hans Albers. Hoppla, jetzt komm ich.
Rasch und Röhring Verlag, Hamburg Zürich, 1986

Weidlich, Knuth (Hrsg.): Der blonde Hans - Mosaiksteine eines Lebens -
Aufgespürt und zusammengestellt von Thilo Lang.
Historika Photoverlag, Hamburg, 1992

Weinschenk, Harry E.: Künstler plaudern.
Wilhelm Limpert Verlag, Berlin, 1938

Witte, Karsten: Athlet in Halbseide.
„Frankfurter Rundschau", Frankfurt a. M., 15.6.1977

Witte, Karsten: Lachende Erben. Toller Tag. Filmkomödien im Dritten Reich.
Verlag Vorwerk 8, Berlin, 1995

Zwischen Gestern und Morgen. Westdeutscher Nachkriegsfilm 1946 - 1962.
Deutsches Filmmuseum, Frankfurt a. M., 1989

Abbildungsnachweis:
Alle Abbildungen Archiv Filmmuseum Potsdam außer: Staatliche Landesbildstelle Hamburg (S. 16, 19 o., 21 li.), Sächsische Landesbibliothek - Staats- und Universitätsbibliothek Dresden - Dezernat Deutsche Fotothek (S. 19 u.), Landesbildstelle Berlin (S. 22, 46, 50, 62, 94), Stadtmuseum Berlin (S. 24, 34), Deutsches Historisches Museum (S. 88 u., 154, 157), Deutsches Institut für Filmkunde (S. 88 o., 101)